保险销售口才情景训练手册

宋豫书　编著

人民邮电出版社
北京

图书在版编目（CIP）数据

保险销售口才情景训练手册 / 宋豫书编著. -- 北京：人民邮电出版社，2019.1（2023.12重印）
ISBN 978-7-115-49923-3

Ⅰ. ①保… Ⅱ. ①宋… Ⅲ. ①保险业务－销售－口才学－手册 Ⅳ. ①F840.4-62②H019-62

中国版本图书馆CIP数据核字(2018)第247399号

内 容 提 要

在现代城市中，人们的生活水平越来越高，面临的各种未知的风险也越来越多。购买保险成了消除人们焦虑心理的一种重要选择。

保险销售是一项具有挑战性的工作，它不仅考验销售员的心理素质，还考验销售员的口才能力。作为保险销售员，要想晋升快、走得远，就必须不断学习，提高业务水平。实用有效的保险话术并非一个人与生俱来的，这些技能都是保险销售员在经历无数次失败或成功的营销后用自己的切身教训和经验换来的，更是保险销售员在不断摸索和思考后练就的，是十年如一日用心工作的结果。本书为保险销售员提供了实用的口才训练技巧和模板，希望通过真实的情景对话，提高保险销售员的沟通能力。

◆ 编　　著　宋豫书
责任编辑　恭竟平
责任印制　周昇亮

◆ 人民邮电出版社出版发行　　北京市丰台区成寿寺路 11 号
邮编　100164　　电子邮件　315@ptpress.com.cn
网址　http://www.ptpress.com.cn
北京七彩京通数码快印有限公司印刷

◆ 开本：700×1000　1/16
印张：12.5　　　　2019 年 1 月第 1 版
字数：204 千字　　　　2023 年 12 月北京第 14 次印刷

定价：49.80 元

读者服务热线：(010)81055296　印装质量热线：(010)81055316
反盗版热线：(010)81055315
广告经营许可证：京东市监广登字20170147 号

目录

CONTENTS

第五章　重视售后，业绩倍增的关键 

第一章 约见客户，迈出成交第一步

第 1 节　突破心理障碍，卖保险并不丢人
第 2 节　制造机会，让约见有充分的理由
第 3 节　停止冒昧拜访，电话约见更有效
第 4 节　微信约见，给客户更多安全感

第 1 节

突破心理障碍，卖保险并不丢人

情景 1：如何解释“你怎么也卖保险了？”

提到保险，虽说没有到“人见人烦”的地步，被排斥却属常见现象。亲戚朋友若知道你在卖保险，很可能不屑、质疑、鄙夷——“你怎么也卖保险了？”；推荐熟识的人买保险的时候，敷衍和拒绝，更是家常便饭；更不用说给路人介绍时遭受到的白眼了，还会被扣上欺诈的帽子……

很多保险销售人员会因此受到打击，还有可能产生心理障碍，从而影响销售的进度。这时，我们需要及时调整自己的心态，立即付出行动，并不断给自己打气，消除负面情绪。

情景解析

害怕尴尬，害怕丢人，害怕被拒绝，听到“你怎么也卖保险了？”就会觉得刺耳，甚至会出现恐惧心理。之所以这样，是因为。

第一，销售员不够自信，没有足够强大的心理支撑自己；

第二，销售的专业技巧和经验不够丰富，需要长期的积累，不断提高自己的业务素质；

第三，保险行业市场还不成熟，很多人对保险行业认识不足，总以为跑出来推销保险的人都带有欺骗性。

保险销售人员要学会用长远的眼光去看问题，要正确认识到保险行业虽然被很多人诟病，但是依然存在着很大的市场空间，特别是互联网保险公司的加入，分一杯羹的机会将越来越多。

帮您支招

1. 自我暗示。每天用一句正能量的话激励自己，把自己想象成一位经验丰富的销售精英，暗示自己能行，以饱满的热情迎接任何突发的挑战。面对对方的轻视，告诉自己："存在即合理！""没什么大不了的！"

2. 转移注意法。销售保险过程中，因别人的白眼而烦闷时。坚信自己是在帮助客户，保险是对客户有利的。

应该这样说

- **"张先生，生活中存在很多我们无法控制的风险，比如，洪水、空难、车祸等种种意外事故，环境污染引起的重大疾病，养老风险，教育风险……保险可以保护自己，保障家庭权益，这就是投保的重要性！"**

投保，没有风险，还可以保障家庭生活的稳定，且投资获利的机会多，可以让家人在遇到生老病死的时候获得经济保障，所以，卖保险并不是可耻的事情，反而是一件帮助客户、对客户有着重要意义的事情！

- **"保险，不仅可以积累个人资金，还可以借助众人的资金分摊、转移个人风险，一本万利！"**

保险，可以用借力的形式，将损失分摊给有相同风险的客户，帮投保人渡过难关，卖保险实质上是一种雪中送炭的行为。

不要这样说

- **"卖保险怎么了？卖保险做好了非常赚钱啊！"**

这样的语言，只会让对方觉得推销保险只是为一己之利，只是为掏空客户的口袋，即使对方对保险有一点点的好感，也会被你打击，从而放弃主动投保。记住，保险销售员在与客户接触的时候，要多给予，为客户解决困难，并适时说一些暖心的话，让对方心服口服地主动投保。

- **"卖保险怎么了？赚钱就可以了，还非要把自己的职业搞得那么高尚吗？"**

保险销售人员要与客户建立好的人际关系，让对方对自己有充分的信任和好感，而不是反击，不是争吵，这种不悦的语言，只会让对方对你嗤之以鼻。

情景 2：回答客户质疑，如何“化险为夷”

保险销售员售卖的产品是风险的保障和未来的投资，在向客户介绍产品的过程中，无论如何沟通，都避不开一个“险”字，而恰恰这样的“险”是人们不愿意面对的，所以，有的时候销售员越是介绍得详细，分析得透彻，客户越是反感。

保险销售员巧妙地回答客户质疑，做到“化险为夷”，是顺利进行保险产品销售的关键环节。一个成功的保险销售员能够及时处理客户的各种各样、亦假亦真的质疑，能消除客户的抵触心理，让客户更加相信保险，从而打消客户的疑虑，让他们主动购买保险。

情景解析

客户存在疑虑，主要有下面两个方面。

1. 与大多数人的观念冲突，他们都觉得自己不会出险，忌讳自己出险的情况在自己的脑海里出现，觉得保险是一种带来负面暗示的东西。

2. 与保险销售员的销售方式有关，销售员的软磨硬泡，占用被推销人的大把时间，被推销人也不好意思直接拒绝，从而导致讨厌保险和销售人员。

帮您支招

1. 预先防范，做好准备工作。保险销售员在向客户推销保险产品时，想要及时“化险为夷”，就要提前防范，全面做好准备工作，了解客户各方面的信息和需求，这样才能把握客户的需求，减少客户的顾虑，增加保险产品的销售率。

2. 以反对意见吸引客户。保险销售员为了避免客户质疑，可以先提出鲜明的反对意见，引起客户的好奇心。然后，再用生动的案例向客户详细解释，深入分析保险产品对客户的好处，这样更容易提高客户购买保险产品的主动性。

应该这样说

- **“李姐，是呀，您看最近肉又涨价了。这物价涨得这么疯狂，给我们带来多大的心理压力呀！现在竞争也越来越激烈了，我们担负的家庭责任也更重大了，我能理解您的压力和负担，所以才专门给您推荐这两个保险产品……”**

客户如果有质疑，并不是什么大不了的事情，相反，质疑更容易暴露出他们的喜好和偏向，保险销售员要顺水推舟、“化险为夷”，借着客户的喜好和偏向展开话题，想办法让客户看到保险的功能，满足客户的需求，这也是激励客户主动购买保险产品的一种重要技巧。

- **“李姐，您看这份保险产品的收益，是不是自己期望的……”**

保险销售员在遇到有质疑的客户时，要以保险产品的优势取胜，运用保险产品所具有的身价保障和免税的功能和优势，吸引客户购买保险产品。

不要这样说

- **“张先生，您真的可以购买一份适合您的保险产品，万一生了大病，社保那点钱肯定不够，到时候多惨啊！”**

保险销售员在向客户推销保险产品的时候，要正视保险产品本身的价值，不要夸大其词。否则，很容易让客户感觉到难以置信，他们一定会怀疑保险公司的真实目的，保险公司是不会为了投保人而完全不赚钱的，反而会认为保险销售员的介绍一点都不靠谱。

- **“张先生，您错了，买保险比买股票靠谱……”**

保险销售员在消除客户质疑的时候，语言不要过于直接，容易引起对方的激烈争辩。保险销售员可以采用旁敲侧击的方法来引导客户的购买行为。用比喻或列举案例的方式给客户暗示，让客户认识到保险收益的客观性，从内心开始接受保险产品。

情景 3：如何面对家人的不理解、不支持

很多人对保险销售行业存在着各种各样的误解，对身边的人从事保险行业更是不支持、不理解，具体表现为：

保险销售员就是不顾及别人感受而胡乱推销保险产品获得利润的人，特别是在面对亲戚朋友的时候，为了挣一些钱、获得一点利益就昧着良心杀熟；

保险公司就是骗人的，身边很多亲戚朋友交了保险，根本都没有获得相应的理赔，各种借口、各种走流程害人不浅；

最关键的是，保险行业的工作并不稳定，整天地满楼逛、满街走，工资不高，又风吹雨打、烈阳暴晒，这种工作太辛苦了……

情景解析

营销界的一句名言："只有不合格的业务人员，没有做不通工作的客户。"要想做一名优秀的保险销售员首先要学会面对各种质疑和不理解，当然也要明白，在这些声音的背后，的确隐藏着保险行业的真实情况。

1. 刚刚进入保险行业的时候，工资比较低，十分辛苦。

2. 保险销售员职业进入门槛较低，会有个别负面现象的发生，让客户的消费体验很差，认为保险就是欺骗。

3. 个别保险公司的模式完全是传销模式，上线拉下线，下线再拉下线，提成也是上线提成下线的模式，很多保险销售员为了获得高收入就昧着良心，疯狂学骗术增员，连身边的亲戚朋友都不放过，通过人头费和管理费获得高提成。

4. 个别保险销售员给客户推销的保险产品根本不适合客户需要，只是为了获得该款保险产品带来的利益，长远来看，客户并没有获得实际收益。

帮您支招

1. 行动大于一切，保险销售员要用自己的实际行动告诉家人和朋友，保险销售行业是很有前景的，不要只看到保险行业的不好，要看到保险行业的好处，看到保险行业造福大众的美好景象，用身边的案例为大家清晰讲解。

2. 保险销售员加倍勤奋努力，提高自己的专业水平和服务水准，满足社会群体对保险销售员的要求和期望，来化解亲戚朋友对保险销售员的误解、不理解甚至仇视。

应该这样说

- **“我用良心在做事情，我相信我自己的努力，相信付出终有收获，你等着看喜人的结果吧！”**

保险销售员要向家长保证自己是在做对得起良心的事情，在工作中会诚心诚意地为客户服务，客户的利益大于一切，拥有真正优秀的职业道德，可能不是保险销售行业收入最高的，但，一定是保险销售行业最健康的，不会为一时利益背负骂名。

- **“爸，你买份保险，以后家里丢什么东西，保险公司可以赔付给咱们的！”**

保险销售员要随时让家长看到保险产品的好处，比如，家里丢了什么东西，可以告诉家长，买一份相关保险，以后再出现类似的情况，可以找保险公司索赔。家长亲身感受到保险的重要性和必要性后，就会对保险销售员所在的行业刮目相看。

- **“分红保险，每年可得到3%的保底分红，最重要的是，万一家里有人得什么病，还可以找保险公司理赔，经济上获得保障，还可以安心过以后的日子。”**

保险销售员要随时让家长看到保险产品的经济效益，钱最具有实际意义，能最快速地打动人心。保险销售员还可以跟其他理财方式的经济效益相比较，强调保险产品的高分红，让家长的保险意识发生新的转变！

不要这样说

- **“你如果买这份保险，以后即使病情严重了，也不用怕，直接找保险公司理赔就可以了！”**

保险销售员在推销产品的时候，一定要告诉客户事实，特别是面对自己的亲戚朋友的时候，不要为了一点点利益，就因为对方不懂，丧心病狂地将对方骗进来，用传销模式获得提成。

也许，亲戚朋友会被一时蒙蔽，但是他们也会慢慢清醒，慢慢明白，轻则退保，重则闹得保险销售员家里不得安宁。

“就怕万一嘛，只要你每年交800元，连交8年，一旦发生意外，你就可以获得15万元的补偿，住院看病的钱也可以报销！”

家人朋友是因为信任保险销售员，才愿意相信保险销售员的保险产品，一旦家人朋友觉得上当受骗了，就有可能退保。

这时，保险销售员千万不要以各种方式恐吓、欺骗家人朋友，比如，扣除保险风险金、扣除分红提成等，玩弄这些把戏，只会让对方更轻视你，家人朋友会更不理解你。

情景4：如何克服推销保险的羞怯心理

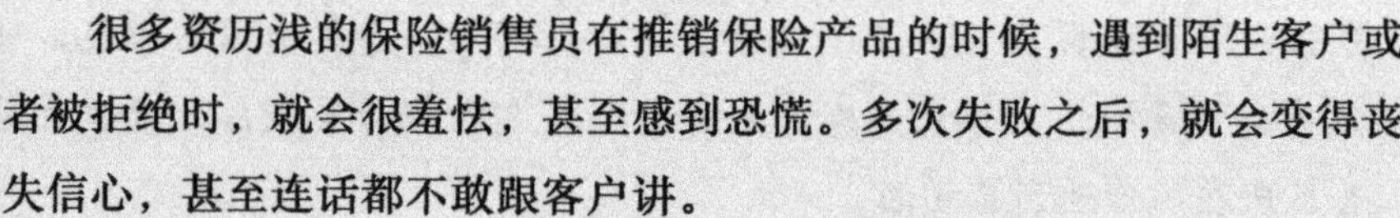

很多资历浅的保险销售员在推销保险产品的时候，遇到陌生客户或者被拒绝时，就会很羞怯，甚至感到恐慌。多次失败之后，就会变得丧失信心，甚至连话都不敢跟客户讲。

资料表明，世界上95%的成年人都曾感到羞怯，大约80%的人在童年和青少年时期感到过明显的羞怯。很多销售员越是想给别人留下好印象，越力不从心，这在很大程度上阻碍了人际交往的深人发展，影响了保险产品的推销。

情景解析

推销保险产品是一个极富挑战性的职业，要不断面对挑战，不断面对失败和挫折，处理不同的事情，参与各类应酬活动，若处理不好各种复杂的事情，堆积的负面情绪会让你越来越容易产生羞怯心理。

很多保险销售员之所以对自己的工作产生羞怯心理，主要是因为存在以下几种心理。

1. 自己没有充分认识到保险的真正意义。

2. 当客户对产品有异议时，销售员内心也有所动摇，认为保险产品对客户来说可有可无。

3. 销售员容易被负面情绪所左右，不能时刻为自己加油鼓劲。

帮您支招

1. 保险销售员感到羞怯的时候，就用力深呼吸，调节自己的呼吸，反复多次，羞怯感和紧张感就会减弱甚至消失。比如，保险销售员可以先慢慢吸一口气，让气一直抵达下腹部，默念 3 个数，再次呼气，依然是 3 个数。

2. 用热情赶走羞涩，打开客户的心扉，不管客户是否购买保险，保险销售员都要丢掉一切的紧张和在意，主动热情地接近客户，用耐心和爱心融化客户，唤起客户内心购买保险的欲望。

3. 保险销售员面对客户的时候，要尽量显露自己有价值的一面，这样，才会有更多的自信、更强大的内心来支撑自己，保险销售员要强调自己能给客户带来的好处和利益，减少客户的拒绝率，保险销售员就不会那么羞涩了。比如，保险销售员承诺，可以给客户提供一种稳赚不赔的理财方法；保险销售员可以承诺客户的资产可以得到升值，还可以得到额外的保障。

应该这样说

- **“欢迎欢迎，周先生，能邀请您到我们公司来做客，真是我们后辈的荣幸。”**

保险销售员在平时要主动地跟形形色色的人交谈，锻炼自己的说话能力，增长自己的见识，懂得的知识多了，说话技巧也就提高了，羞怯的心理障碍就很容易消失了，在轻松、自如、随和的状态下交流，保险销售员才能收获更多的成功。

- **“说实话，我是刚刚进入保险这一行的，很多地方做得还不够，我自己也在努力学习过程中，希望在这个过程中得到您的帮助！”**

保险销售员在与客户聊天的时候，要拿出自己真诚的态度，真诚才会让人相信，切勿不懂装懂。

- **“张先生，您好，感谢您百忙之中抽出时间听我来介绍这款产品，相信我**

们的保险产品一定会给您带来保障，让您满意！”

保险销售员如果意识到自己会在客户面前羞怯，就要做好充分的心理准备，稳定好自己的情绪。比如，先把要讲的话在心里整理好。有时候，不妨阿Q一下，告诉自己：客户不会在意自己出丑的，客户也许不会注意到自己的紧张，客户怎么会没事只关注自己的羞怯呢？客户关注的只是保险知识而已，我专注讲解保险知识就可以了。

不要这样说

- **“不要算了，保险也不是人人都能买得起的，穷人是没钱买保险的，只能自求多福吧！”**

有些保险销售员经历的挫折和失败比较少，抗压能力弱，遇到客户拒绝或说话不好听的时候，很容易恼羞成怒，说出伤人的话，做出不理智的事情。这样，不仅容易让保险销售员陷入不良情绪的循环中，还会容易让自己永久丢失客户。

- **“不买就不买，还找那么多理由，真没意思！”**

保险销售员不要因为受挫或者羞怯就对客户抱怨，有的销售员还贬低客户以此来挽回自己的尊严，其实这样的做法很不妥当，还容易引起争吵。

情景5：巧妙发朋友圈，让大家知道你在销售保险

随着生活水平的提高、见识的增加，中国人的保险意识也很大程度地得到了提高，保险业可谓迎来了再次繁荣的极好机遇。越来越多的消费者不仅将消费支出在自己的衣食住行上面，还增加了对保险产品的消费支出。

聪明的保险销售员会将自己的保险产品发在朋友圈，让朋友们都知道自己在推销保险产品，有需求的朋友自然会主动联系自己，而那些有意向的，也会找机会咨询。

情景解析

微信朋友圈多是朋友、熟人，对方从保险销售员发的朋友圈获取很多关于保险产品的知识，也许并不是因为某款保险产品，而是因为保险销售员个人魅力。所以，保险销售员在将保险产品发朋友圈时，不要随意而为，要用心经营，更要注重个人品牌的打造。

帮您支招

1. 保险销售员不但可以用微信朋友圈更好、更快地拓展自己的人际关系，还可以利用微信平台的优势，比如，图片、语音、视频等，增加客户了解产品的机会，换句话说，就是让自己的产品曝光率增加。

2. 经验丰富的保险销售员从来不僵硬地推销自己的保险产品，为了推销而推销容易给客户留下急功近利的印象。保险销售员不妨先将自己打造成一位保险行业专家，经常陪客户多聊天，给客户提供一些专业的建议，为客户进行专业的回答，让客户信任保险销售员，而不是时时向客户推销保险产品。

3. 微信朋友圈是保险销售员完成保险产品销售交易的最佳土壤，但并非可以肆意而为，要注重朋友圈人际关系的公平交换，一味地奉献或一味地索取，都只会让保险销售员失去朋友圈的人际关系。

4. 聪明的保险销售员会满足客户所需，主动给客户做更为清晰和更为全面的保险产品方案，真正关心客户，把客户当朋友，除了谈保险产品，还会谈生活、家庭、工作，而不是一味推销保险产品，这样只会让客户厌烦。

应该这样说

- **“很开心，通过自己的努力获得公司‘保险产品推销精英’的称号，再接再厉，继续努力！”**

保险销售员在微信朋友圈不要高频率地发保险产品，而是急客户所急、满足客户所需，比如，帮朋友的朋友圈点赞，为朋友圈里的投票活动投票，为朋友圈的朋友治病募捐，帮朋友在朋友圈转发东西等。

另外，还可以发一些公司奖励国外旅游的视频、照片，获得公司荣誉的视频、照片，让朋友圈的朋友、熟人更有亲切感、更信赖自己。

● **“最近，做了很多适合客户的方案，有需要的朋友可以尝试一下，免费的哦！”**

保险销售员不管遇到什么样的事情、碰到什么样的人，都要有一种以客户为中心、一切围绕客户的职业精神和认真态度。保险销售员可以定期免费在朋友圈给朋友、熟人做各种免费的保险产品方案，完全不必问客户的想法和下一步计划，为客户做事情就好！

不要这样说

● **“理财，推荐您选择××APP：1. 活期新品高端现金宝，年化5.2%；2. 定期保尊宝和久盈智投，准点抢；3. 零钱储蓄推荐×宝……”**

保险销售员在微信朋友圈中拼命地用硬广告刷屏并不代表着努力、敬业，相反，这常常是在做不动脑筋的无用功。

当然，保险销售员可以适量地发各种保险产品的介绍、保险的重要性的警示、保险理赔的各种案例等知识，让朋友圈的朋友感受到保险销售员的存在，学到保险产品知识就好。

● **提到保险，你就说：“保费高，手头紧，考虑下”；但医院用9个字，就花光你所有财产：“挺严重，还能治，费用高。”**

有些保险销售员自我感觉良好，拼命在朋友圈灌输保险意识，根本就不考虑其他人的消费体验和购买感受，甚至采用传统的保险销售话术，放大生活或工作中的潜在危机，用恐吓的方式诱导对方去购买保险，这很容易给对方带来不良的心理感受。

第 2 节

制造机会，让约见有充分的理由

情景 6：委托朋友约见客户更有效

传统的扫楼或者是给陌生人打电话推销保险，收效甚微。因为陌生，所以有着天然的隔阂，而且这两种推销方式是当下人们都非常反感的。我们不妨换一种方法，换一种思路，用朋友介绍客户的方式，积累较广的朋友圈，拓展业务。

事实证明，委托朋友介绍保险业务，利用朋友约见客户，借助外力的形式经营客户，往往会达到事半功倍的效果，会让自己的保险销售工作更加顺利。

情景解析

委托朋友约见客户，之所以利于保险销售工作，扫除障碍，无外乎以下两方面原因。

1. 委托朋友约见客户，更容易获得对方的信任，让对方从心理上对自己放心，至少是不排斥，这样沟通起来也会顺利很多。

2. 委托朋友约见的客户，保险销售员可以做好功课，通过朋友对客户进行深入的了解，这样双方见面后销售员就可以聊客户喜欢的话题，让客户对你消除戒备心理。销售员还可以根据客户的处世方式和性格特征，对其准确归类和定位，在此基础上深入拓展保险业务。

帮您支招

1. 与有资源的朋友合作。保险销售员要想占有更大的市场，挖掘更优质的客户，就要懂得跟强者合作、跟更优秀的人合作，借用或交换优质的资源。比如，银行的理财经理。

2. 像蜘蛛织网一样编织客户网。“推销之神”乔·吉拉德发现了销售有一个定律，叫 1=250 定律，一个人背后的朋友圈大概是 250 个人。保险销售员要想更轻松地销售，就要学会从一个个朋友那里衍生出更多的客户，把客户网织结实了，客户资源就会源源不断，从而进入保险销售的良性循环中。

应该这样说

- **“您好，张先生。很抱歉打扰您，我是小李，瀚海集团杜总介绍过来的，他应该跟您说过了吧？”**

委托朋友约见客户，交谈的时候，要尽量生活化、口语化，可以设计一些提问，根据对方的回答和态度，给客户提出一些建议。

- **“张经理，李总提起您的时候，经常会说您是一个热爱体育的人，各种球类运动都非常擅长，今天终于见到您，真是太高兴了！”**

即使是委托朋友约见的客户，也不能过于急功近利，要努力营造愉悦、轻松的谈话气氛，循序渐进地将话题引到保险销售上面，否则，很容易让对方排斥、反感！

不要这样说

- **“你这么多客户，介绍给我一些呗，看在朋友的面子上，不能不介绍哦！”**

朋友客户多，是朋友努力的结果。如果你想拥有，就要像朋友一样努力，不要强迫朋友给自己介绍，朋友愿意给你介绍是情分，不愿意介绍是本分！

- **“帮我约见客户，我就带你去海南旅游，这不过是玩笑话而已，你怎么当真了？”**

委托朋友约见客户，也许是朋友举手之劳的事情，你也要表现出自己的真诚，要不然，朋友如果发现你多次出尔反尔，就会对你失去信任，甚至失去两人的情谊。

情景 7：以送材料为契机，进行拜访

拜访客户，特别是拜访陌生的客户，对保险销售员来说，意味着机会，但也意味着挑战。聪明的保险销售员会为自己创造契机进行客户拜访，比如，送一些保险新产品的材料，还可以向准客户介绍一些卡单式意外伤害险，让准客户先试用一下，并借此机会，向准客户进一步沟通保险的重要性，让其改变对保险的态度，从而慢慢将准客户培养成大客户。

情景解析

保险销售行业的精英都是经过创造各种拜访的契机锤炼起来的，送材料是一种让准客户没有防备心理的、比较舒服的契机。

除了产品材料外，销售员还可以根据准客户的实际情况送各类资料，主动将准客户的节假日变成自己的工作日，挖掘、培养自己的客户，保持联系，培养情感，增加准客户的信任感，为推销保险产品做前期铺垫。

帮您支招

1. 保险销售可以利用节假日送材料的契机，在人流量大的地方摆咨询台。咨询台上可以摆放这个城市的旅游简介、交通路线等休闲观光资料，还可以摆放一百元左右的意外险产品，准客户索要资料的时候，可以留下准客户的联系方式和简单资料，这样，以后再做进一步保险产品推销的时候，准客户接受的可能性会比较大。

2. 给准客户送资料的时候，保险销售员最好要做到以下几点。a. 了解对方以前是否买过保险产品；b. 询问对方或者其家人是否有保险需求；c. 给对方留下好印象，争取下次见面。

应该这样说

- **“麻烦您记一下，这是我的联系方式，如果有什么需要，可以打电话联系我，谢谢！”**

保险销售员一定要记得在给准客户的资料上的显著位置标明自己的联系方式，方便准客户跟自己随时联系，不可忽视这一细节，这样才能积累更多的客户资源，取得更好的工作效果。

"麻烦您留下微信联系方式，我会时常在朋友圈发一些实用的保险产品信息，如果您有什么需要，可以及时联系我。"

保险销售员一定要抓住各种契机，外出就餐、乘车、晨练、逛商场等，将接触过的准客户发展成自己的客户，即使是这些简单的话，不要怕重复说、重复做，更不要怕被拒绝，只有坚持了，不管对方是否拒绝、是否投保，至少对方已经不是陌生客户了，推销保险产品的机会就大了。

不要这样说

"如果您觉得这款保险产品对你比较重要，请考虑签单！"

长假期间，正是准客户休息放松、心情最好的时光，保险销售员在拜访对方的时候，不要将签单时刻挂在嘴边，这样勉强的销售方式很容易给对方徒增烦恼，破坏对方休假玩乐的大好心情，给对方留下不好的印象。

保险销售员可以先将对方发展成准客户，然后，顺其自然地签单，或者在后续的沟通交流中完成签单。

"请问，我们可不可以成为朋友呢？"

保险销售员在同准客户交流沟通的时候，问话不要太机械，不要让对方明显地感觉到你的功利色彩，这样，即使保险销售员送资料对对方来说是一件有意义、有帮助的事情，也有可能让对方掉头就走。相反，保险销售员要主动向客户介绍保险产品，引导客户了解保险的价值。

情景 8：赠送小礼物，拜访客户

不论是新客户还是老客户，保险销售员最好要先准备一些小礼物以备不时之需，给客户一些意外的惊喜，才会增进彼此的感情，进而保险推销才会顺利地进行。

保险销售员拜访客户，等坐定后，在给客户倒茶的时候，简单寒暄几句后，就要适时地奉上小礼物，这样，就不会出现因为客户客套而不收小礼物的尴尬情形，而且，不会打断跟客户的谈话，干扰自己给客户介绍保险产品，增加其他不必要的话题。

情景解析

礼物是感情的载体，不在于是否贵重，而在于能否表达自己的真情实意，小礼物更能展现出保险销售员的用心，更适合送客户。

自古以来，精明的生意人都明白，利礼相关，先礼后利，有礼才有利。对于保险销售员来说，小礼物送得好，方法得当，双方会皆大欢喜。

帮您支招

1. 送自己公司生产的、有纪念意义的小礼品，不仅节省公司成本，还有很好的纪念意义。比如，印上公司名字的购物袋，印有公司大型保险推销活动的台历，印有公司文化宣传文字的钢笔，印有公司品牌的手提包，印有公司LOGO 及精美图案的玻璃杯等。

2. 利用客户爱占小便宜的心理，送客户精美小礼品。事实上，几乎所有的客户都避免不了贪小便宜的心理，这也如同所有的保险销售员都避免不了想要获得巨大利润的心理一样，奉送给客户小礼品的时候，要强调小礼品是免费的。

应该这样说

“希望这小小的礼物能给您带来方便，也能让您开心！”

保险销售员给客户送礼物的时候，要站着，双手将小礼物递到客户的手里，并简洁寒暄一两句得体的话。最忌讳的是，保险销售员悄悄将小礼物放在客户手里或者把客户拉到角落里悄悄塞到客户手里，这样不仅达不到馈赠的目的，甚至会适得其反，吓跑客户。

- **“我的推测没错的话，您年龄应该和我父亲相差不大，这样说来，我也是晚辈，这是我们公司新的保险销售活动礼品，我也送给了父亲，他很喜欢，希望您也喜欢。”**

自己以晚辈的身份给顾客送小礼物，又拿自己的父母比较，很容易让客户感动，对方很可能购买相关的保险产品，来归还人情。

- **“这是我们家乡的特产，从家里快递过来的，请您尝尝鲜！”**

家乡特产，会让人感到格外亲切，往往会勾起客户对家乡的思念之情，受这种感情渲染，客户不仅不好拒绝，还会深切地感受到你的真诚。

不要这样说

- **“不好意思，一点小小心意，请收下。”**

保险销售员送客户小礼品的时候，不必过度强调小礼品的微薄，这样，很容易引起客户的轻视。

相反，保险销售员完全可以说出自己或公司在客户小礼品上花费的心思，来表示自己的真诚实意。比如，“这是我专门为您挑选的”。

- **“这是我送您的一个闹钟，请收下！”**

送人小礼品，一定要了解风俗禁忌，考虑周全，最好能了解客户的身份、爱好、风俗习惯，以免节外生枝，送小礼品送出麻烦。比如，“钟”与“终”谐音，有些地方有些人就特别忌讳，认为不吉利，本是好意，却让客户反感。

情景 9：约见客户，为其送上生日祝福

生日，在中国的传统习俗中，很受重视，保险销售员如果在约见客户的时候，能够抓住这样重要的时机，给客户送上生日祝福，客户一定会非常感动，也会增加彼此的感情，保持长期良好的关系。

当然，保险销售员这种“送生日祝福”的优质服务，会赢得更多的客户和市场的良好反馈，给更多客户更美好的希望。

情景解析

与客户的情感关系，需要保险销售员的悉心经营，良好的交往体验能让客户对你产生好感，从而愿意主动了解你所推销的产品。

销售员无须时时刻刻都把产品挂在嘴边，相反，与客户沟通时，更多地聊聊对方的家人，双方熟悉之后，在一些特殊的日子或者某些节假日，为其送上祝福，这样既能赢得客户信任，又能从侧面了解客户的需求。

帮您支招

1. 在节假日或者某些特殊的日子，比如客户生日，不但为客户编辑一条祝福语微信发送给他，而且还要选一张精美的贺卡，如果有机会，要亲自送到客户手上。贺卡礼轻，客户收下后不会有任何压力，但会让客户感受到你的祝福和细心。

2. 送客户意外险或者短期险，作为特殊的生日礼物。保险销售员在公司允许的范围内，赠送客户意外险或者短期险，鼓励客户试用，一旦客户有比较好的体验，就会心甘情愿地购买保险产品。

应该这样说

- **“张姐，您好，生日快乐哦，好高兴能参加您的生日宴会，这是送给您的生日礼物，希望您喜欢……”**

客户生日的时候，如果有机会，保险销售员最好能抽时间去参加客户的生日宴会，坐一坐，聊一聊，顺便带去一些保险行业的信息，赢得客户的心，当然，保险销售员还可以借此机会认识一下客户的其他朋友，找机

会向客户询问其朋友买保险的需求和联系方式，拓展自己的人际关系，增加自己的资源。

● **“李姐，这是我专门为您挑选的生日礼物，希望带给您意外的惊喜，希望您喜欢……”**

约见客户，为客户送生日祝福时，礼物不在于轻重，而在于是否诚心实意，保险销售员如果能用较低的成本给客户以别样的惊喜，一定会赢得客户的心。

不要这样说

● **“李总，拜托您收下这份生日礼物，拜托，拜托！”**

保险销售员在给客户送生日礼物的时候，不管是在求对方帮忙，还是为了增加彼此的感情，都要用不卑不亢的态度营造轻松的氛围，这样，才能自然而然地升华两者的感情。

相反，送生日礼物的时候，说话过于卑微，过于粗心大意，很容易让对方感觉到生硬、不自在，情感上反而疏远了。

● **“李姐，您这样不行呀，这是我的心意，如果您就这样拒绝了，让我多尴尬呀，我跟您说明了，如果您不接受我的礼物，我可就生气了……”**

保险销售员送客户的礼物，客户有可能会觉得贵重，或者不想与保险销售员保持过于亲密的联系，有可能会拒绝保险销售员的礼物，这时，保险销售员千万不要表现出怒火万丈或者要挟客户接受自己的礼物，这样，很容易使双方的关系更尴尬。

情景 10：参加商务活动，结交朋友

论坛、展会、沙龙等商务活动，这些都是企业精英汇聚的平台，也是高收入人群的集中地，他们只占据社会总人数的一小部分，却创造了社会财富的大部分。无疑，他们是保险销售员的理想客户目标。

保险销售员如果能通过某些商务活动结交他们，与他们交朋友，走进他们生活、学习、工作圈，就不愁签不下大额保单了，这也是保险销售员提高销售业绩最快的途径。

情景解析

保险销售员要敏锐地发现自己的目标客户，并追随这些目标，主动地接触、沟通，为将来的登门拜访做积极的准备。如果有实力打入他们的圈子里，就会有更多的机会接触、认识更多的客户，如此循环往复，保险销售员就会拥有越来越多的高端客户群，签下更多的大额保单。

帮您支招

1. 广播种、遍撒网，保险销售员只要有机会，就走出去，去参加一切可以参加的商务活动，接触认识各行各业的高端客户，深入了解，全面出击。

2. 了解这些商务活动中的高端客户有哪些特征。a. 年收入多少；b. 对保险知识是否了解；c. 生活状态如何；d. 对投资是否有着明确的目标和判断。

3. 深耕细作，将商务活动认识的高端客户集中在一个区域内，深耕细作，将有希望购买保险的客户定位为目标客户，以目标为导向，高端客户在哪里，保险销售员就到哪里去。比如，保险销售员一旦确定某一行业的高端客户为自己的目标，就要有意识地去参加这个行业相关的专业沙龙、论坛、企业界庆典、企业家研修班等商务活动，跟这些高端客户进行进一步的接触，结交为知心朋友。

应该这样说

- **"和您同行的艾总，您应该知道的，他公司所有员工的保险都是在我们公司购买的，我一直在跟艾总的单……"**

保险销售员可以从自己擅长和熟悉的地方开始，利用同一个圈子或者同一个行业的口碑说服客户，用客户身边真实的案例来说服客户，进行多次的精心拜访和售后服务，赢得客户的尊重和签单。

- **"李律师，知道您在律师界很有名气，特别是婚姻官司方面，每次辩护都特别出彩。我过来主要是咨询一下我朋友的这个离婚官司的案子，希望得到您专业的指导，今天下午您方便吗？"**

保险销售员如果有符合自己意向的高端客户，可以以请教客户业界知识为借口，创造拜访机会，在沟通交流过程中，赞美对方，赢得对方的好感，多次接触后，再切入保险的话题，这样，保险产品推销的效果才会更明显。

不要这样说

- “唉，白忙活一下午，连个交流沟通的机会都不给！”

在商务活动中，保险销售员即使很努力也没有找到合适的目标客户，或者得不到客户的回应，也不要气馁，不要说丧气的话，而是要鼓足勇气继续热情地与潜在客户保持良好的互动，留下彼此的联系方式，对方会给保险销售员介绍新的客户或者再次找保险销售员合作。

- “周先生，您好，这是我的名片，请多多支持！”

保险销售员在参加商务活动的时候，不要急于求成，切忌不调查和没有任何的准备，就四处散发名片，这样不但见不到效果，还很容易受到客户的排斥。

相反，保险销售员要先做摸底排查，伺机行动，找到准客户时，再集中突击，这样，才更容易让客户接受。

情景 11：在社区展台上多聊天，巧妙制造约见机会

在社区摆展台，保险销售员可以避开直截了当地谈论保险产品，降低被客户拒绝的概率。同时，提高了与客户的约见机会，借助邻里口碑的力量，取得稳定的保险销售业绩。

相对于拜访陌生客户，进社区摆展台，彼此之间的交谈沟通会更顺畅，不会给客户带来紧张感和压力，会让保险销售员获得更多的潜在客户。

情景解析

在社区摆展台，不仅使保险销售员获得更多接触准客户的机会，还会与社区居民建立信任感。时间久了，保险销售员就会全面了解客户的家庭信息、经济条件、投保意识，在脱口叫出社区居民名字的同时，热情地提供各种保险咨询服务，会让准客户在情感的促使下购买保险产品。

帮您支招

1. 选择比较好的社区。聚集在一个社区的居民经济水平相差不是很大，所以选择好的社区，就相当于选择了准客户的收入情况、人流量、家庭构成、年龄层次等重要的衡量指标。

保险销售员在社区摆展台的时候，要留心观察不同居民的车辆、衣着、配饰、谈吐、作息规律等，推断居民的消费观、生活习惯、兴趣爱好、收支情况，为切入保险话题、推销保险产品做好铺垫。

2. 保险销售员利用社区展台展业，一定要有信心、恒心、细心、关心、责任心。信心——对社区展业方式有信心，对保险产品有信心，对自己的推销有信心；恒心——在社区展业要坚持做到不气馁、不焦躁；细心——详细地记下潜在客户的名字、家庭成员信息，热情提供公司保险产品资料和说明书等；关心——对潜在客户的生活状况和家庭表示适度的人文关怀；责任心——不断改进和创新社区展业方法，向客户推荐合适的保险产品等。

应该这样说

- **“我不知道大家是怎么进行家庭理财的，是用平台小金库，还是用定期理财，还是购买家庭基金？下面我给大家介绍一下几种家庭理财方式的优势和劣势……”**

保险销售员可以在社区开展一些讲座，话题可以是居民关心的社会焦点，也可以是某个特定问题，比如，家庭理财、股票分析、健身养生、健康饮食、以房养老等，这种方式可以吸引一批社区的客户群，在讲解的过程中，要增加客户群的参与感，建立良好的互动关系，并在讲座中加深客户的风险意识，为后期推销保险产品做铺垫。

- **“我对这个城市特别熟悉，这个城市的小吃我几乎都吃了一遍，旅游景点也跑了一遍，您如果需要什么帮助，比如，找酒店呀，旅游景点介绍呀、地道小吃的好去处介绍呀，我都可以帮到您……”**

在社区内，保险销售员有可能会遇到外来探亲的人员，要想在短时间内让客户欣赏你，就要迅速地让对方感受到你的优秀，当然，这可以是专业知识，也可以是举手之劳的帮助。

当对方对保险销售员的认知改变了，彼此之间的隔阂就消除了。当对方知道你是保险销售员时，说不定会主动向你咨询保险方面的问题呢。

不要这样说

- **“这段时间业务比较忙，我们没时间去社区摆展台了，如果有什么问题就来公司咨询吧！”**

保险销售员在社区摆展台，不要三天打鱼、两天晒网，这样很容易给客户留下不稳定的错觉，无法获得客户信任。

在与客户沟通的时候，即使很忙，也要跟客户表决心，让客户知道保险销售员做这件事情，是一个长期的过程，要给客户一份安全感，客户才会放心投保。

- **“您买保险了吗？没买的话考虑买一份吧！”**

推销保险产品不是央求客户的同情，而是一种顺其自然的交易。保险销售员要懂得一个销售定律——95%的给予+5%的获取，在与客户接触的时间内，保险销售员要用95%的时间给予，给客户解决问题，提供专业咨询和建议，为客户设计科学的保险计划。在客户对保险销售员有了充分的信任后，再水到渠成地提出签单。

如果保险销售员没有做好95%的工作，希望客户投保，这基本上就是妄想。

第3节

停止冒昧拜访，电话约见更有效

情景12：电话中，如何开口说第一句话

保险销售员通过电话约见客户时，如何开口说第一句话非常关键。接通电话后，很多客户一听保险销售这几个字会毫不留情地挂掉电话，销售员甚至还没来得及自报家门。虽然电话约见有一定的难度，成功的概率也不高，但对于新入职的销售员来说，这是必须要经历的一种磨炼。

情景解析

无论是电话还是面谈，一个好的开场都可以做到以下几点：客户对销售员不会产生负面情绪；很顺利地进入有效沟通阶段；让销售员完整地做完产品介绍；客户提出自己的疑惑，销售员予以解答。

保险销售员在电话中约见客户，尤其是陌生客户，首先要自报家门，接下来简单地介绍自己打电话的目的，尽量引导客户听完自己推荐的保险产品，如果对方感兴趣，销售员可以发资料让客户详细了解，或者约客户见面详谈。切忌急功近利，妄想一个电话就可以成交。

问候语 → 自报家门 → 目的介绍 → 产品介绍 → 发资料 → 约见客户

帮您支招

1. 问候语不能少。很多情况下，电话开头的问候语直接影响客户对你的态

度、看法。通电话时销售员要注意使用礼貌用词，如“您好”“请”“麻烦您”等，这是赢得客户好感的第一步。

2. 打电话时，姿势要端正，态度要和蔼，语言要清晰，既不装腔作势，也不娇声娇气。这样，说出的话哪怕只是简单的几个字，也会给对方留下好印象。

3. 礼貌地说过问候语之后，销售员要主动自报家门，不要让客户猜自己是谁，以免对方反感。

4. 表示感谢。保险销售员在给老客户打电话时，要先对对方的支持和理解表示感谢，然后再告诉客户公司新出了哪些保险产品。

5. 提出客户普遍关心的问题。保险销售员可以提出一个客户普遍关心的问题，和对方谈论细节，等双方熟识了，再介绍公司保险产品的优势，引导客户完成签单。

应该这样说

- **“您好，我是××保险公司的代理人王兰，我们公司新推出一种提前给付的疾病保险产品，销售得特别火爆，咱们这个地区已经有40%的在职人员购买了这款保险产品，我给您介绍一下吧？”**

保险销售员可以简短地介绍一下，然后，再重点强调购买该产品的优势，利用客户的从众心理，强调购买人员数量，暗示客户保险产品特别值得重视，客户应该花点时间认真了解一番，引导双方持续的沟通交流。

- **“您好，李先生，我是××保险公司的王兰，上个月我们曾在张总的办公室见过面……”**

保险销售员在开场白中可以试图营造和客户熟悉的感觉，一方面可以清除客户的戒备心理，另一方面拉近与客户的距离，让客户不好意思挂断电话，为完成保险产品的成功交易做好铺垫。

- **“张先生，您好，我是××保险公司的王兰，您在两个月前曾经购买过我们的一份意外险，我打电话是想做个回访！”**

保险销售员要学会制造话题跟客户沟通，让客户对你的话题感兴趣，不会挂断电话，等客户消除警惕性之后，再自然而然地引出保险产品，这是保险销售员迈向成功的重要一步。

不要这样说

- **“周先生，我给您介绍的这款新式财富分红保险，只需您在6年时间内交纳6000元的保险费，您就可以在6年后获得返还，领取年终的保险分红，最高可享受50万元的保险金额，您还可以……”**

保险销售员在开场白中最忌长篇大论地介绍产品优势，叙述混乱，这样只会扰乱客户的思绪，让客户摸不着头脑，无法引起客户的兴趣，甚至招来厌烦，得不偿失。

- **“方先生，我是××保险公司的李兰，不少客户反映仅仅依靠公司上交的保险基金，无法享受晚年生活，您对这个问题怎么看呢？”**

保险销售员在开场白中制造悬念要引起客户足够的兴趣，如果不能引起客户的兴趣，客户就有可能很快挂断电话。

- **“周先生，您好，最近我们区发生了几起车祸，网上炒得火热，您应该也留意了吧？”**

保险销售员在开场白中，不要将话题扯得太远，更不要将主题引到过于生硬的方面，否则，客户挂断的可能就会增加数倍。

- **“李先生，我向您介绍的这款新的保险产品，可以保证您和您的家人在未来30年内衣食无忧，绝对不用担心花钱的问题……”**

保险销售员在向客户介绍保险产品的时候，不要过度夸大保险产品的优势，让客户瞬间产生不信任感甚至反感，认为你在忽悠客户或者在吹牛，这样，双方的沟通交流就很难持续下去。

情景13：电话约见也要注意礼仪

新入职的保险销售员每天都要打几十个、上百个电话约见客户，但是，并不是每一个电话都顺顺利利，被客户拒绝是司空见惯的事情，有时可能还会遭到客户的辱骂。试想，如果你是一个非常重视电话礼仪的销售

员，你在给客户打电话时，被拒绝、辱骂的次数会不会就比较少呢？答案是肯定的！

所以，保险销售员要用心去学习各种电话礼仪，并多加练习，这样才能从中受益，使自己的人际关系网越来越广。

情景解析

电话沟通是我们日常生活中不可缺少的沟通方式，人们通过电话就能粗略判断对方的人品、性格，因而，掌握正确的电话礼仪是非常有必要的，对于保险销售员来说更是如此。

所以，在电话约见客户时，保险销售员要注意以下几点。谈话简洁，抓住要点；考虑到对方的立场；使对方有被尊重、重视的感觉；不要让对方感觉你是在强迫他。

帮您支招

1. 保险销售员在和客户说话之前要用热情洋溢的话语主动问候对方，比如，“您好”“早上好”“下午好”“晚上好”，并告知客户自己的姓名、单位、约见目的。如果知道客户的姓氏和职称，最好用尊称叫出对方的身份和名字，比如，“张处长，早上好！”“李医生，晚上好”。

2. 保持低声、柔和的语调。大多数客户都喜欢低声、柔和的语调，保险销售员如果能轻声细语地给客户说“请您试试吧”，一定能有很好的效果，客户会不知不觉中被保险销售员创造的这种氛围所感染，用心倾听，甚至坦露心扉。

3. 电话铃响起后，保险销售员要尽快接电话；如果保险销售员不方便接听，要耐心向客户解释原因；如果客户打电话是找其他同事，要负责找到这位同事接听电话。

应该这样说

- **“现在可能不是见面的好机会，如果您不在，我会留张名片给您。再见，周先生。”**

如果客户拒绝保险销售员的时候，保险销售员可以用一种恰当的方式，创造下次见面的机会，比如，留下自己的名片，这样，既不会给客户带来不必要的压力，也会给自己以后直接拜访客户创造二次机会。

● “我们公司这款新的保险产品很超值，不过，是否购买还是要您来做决定，您看这周您哪天有时间我可以上门拜访您，一起研究看看！”

保险销售员电话约见客户的时候，可能会遇到客户的拒绝，这时，也不要心灰意冷。

聪明的保险销售员明白，电话约见并非一定要把保险产品卖给客户，很多时候是在找机会了解客户的需求，然后做出符合客户的保险产品计划，对口宣传，效果会更好。

不要这样说

● “再见，刘先生，我这边有点事！”

保险销售员如何挂电话也是一门学问，不能在客户没有挂电话之前早早地挂掉电话，更不能在客户还没有说完话的时候就挂断电话，这对客户来说，是一种极不尊重和不礼貌的行为。

● “对不起，张先生，你这样想是有问题的……”

保险销售员在电话约见客户时，一定不要贸然打断客户的话语，要懂得聆听，满足客户的表现欲，以便对保险销售员更亲切、更友好，同时，保险销售员还可以从客户那里听到自己想得到的信息。

情景 14：　如何预约拜访时间和见面地点

保险销售员并不是什么时候都可以拜访客户的，并不是什么时候都可以索求客户资料或者信息的。与客户约定拜访时间，看似简单，实际上需要讲究技巧，注意细节。

保险销售员电话约见客户的时候，一定要尊重客户的时间，协商好见面地点，最好不要在太吵的地方，可以选择客户的小会议室、家里或者安静的包间里，这样，双方才能安静地坐下来有效沟通、用心交流。

还可以用选择法让客户确定自己方便见面的时间、地点，这样，被客户拒绝的机会就会减少。

情景解析

客户的心如同一扇被锁的大门，如果保险销售员选择对了拜访时间、地点，能够让双方在轻松愉悦的环境下轻松交谈，就能成功地进行面谈，从而提高销售业绩。

保险销售员在约见拜访客户前，最好先对客户的空闲时间做一个大概的估计，普通员工一般在下班前比较空闲，时间段是下午 4：00~晚上 7：00；而老板、经理往往走得晚，在这个时间段拜访他们的成功率就会比较高。

如果客户表现出犹豫不决，保险销售员可以在见面时间的长短上做文章，请求给一个 15 分钟左右的见面时间，会在很短的时间内结束谈话，至于见面后能聊谈多长时间，就看保险销售员的聊天水平和工作能力了。

帮您支招

1. 制定适合不同职业的具体拜访时间工作表。a. 医生：下午 3:00~5:00；b. 生意人：下午或者晚上；c. 教师：下午；d. 在写字楼工作，朝九晚五的普通职员：中午休息时间；e. 工厂普通职工：上午 11:00 或下午 3:00~4:00；f. 政府、事业单位办公室人员：下午。

2. 保险销售员电话约见的地点能够保护客户的隐私，保险销售员最好选择一个人少、安静的封闭场所，这样，双方才能不受其他人的打扰而能有效沟通。因为很多客户都不愿意别人听到自己的家庭情况、经济条件、未来的私人规划……

3. 保险销售员电话约见的地点，可以依据与客户的熟悉程度来定，如果是初次见面、比较陌生的客户，可以选择客户的办公室或者其他适宜的公共场所；比较熟悉的客户，可以上门拜访，这样可以使客户感到安心。

应该这样说

- **“这次约见，我只占用您 15 分钟的时间，重点聊一下这几点。1.……2.……3.……”**

保险销售员跟客户约定拜访时间，要做好充分的心理准备，用简洁有力的语言表现出率直和诚恳，并列出几个话题的大纲，让客户意识到拜访的重要性。

● **“李先生，您好，好久不见哦！听说您这几天在桂林这边旅游，我正好也在这边出差，方便一起共进早餐吗？我请客。”**

保险销售员与客户沟通情感的场所很多，可以是办公室，可以是朋友聚会场所，可以是消费场所，可以是娱乐场所，可以是休闲场所，可以是特殊活动场所，也可以是旅游景点，只要客户答应保险销售员可以约见的地方，保险销售员都可以积极主动地去邀约。

● **“周总，您好，最近还好吗？想起上次我们聊得那么愉快，特别想跟您再聊聊，我和我的主管明天会路过您小区门口，方便在小区商业街的咖啡厅坐一坐吗？请您喝咖啡。”**

对于关系亲密的客户，如果获得客户的允许，可以在客户家附近约见，这样很容易让客户感到踏实、安全。当然，如果保险销售员是职场新人，专业知识欠缺，说话技巧有待提高，可以约自己的同事或者主管陪同，一块跟客户沟通。

不要这样说

● **“您什么时候有时间呢？”**

保险销售员尽量不要用提问的方式询问客户可以拜访的时间，这样很容易被拒绝，可以用选择式的问法。

● **“张姐，明天一起去爬山，怎么样？我们可以早点去，山上也挺凉爽的，去吧！这个季节，我们可以看到满山的红叶，还可以欣赏沿途的风景，太美好了。”**

保险销售员在约见客户的时候，不要因为熟悉、亲密的关系，就不尊重对方的意愿，不拿对方当客户，比较固执地安排约见地点，这样很容易让客户反感。

情景 15：如何消除客户疑点

保险销售员在进行电话推销时，对方客户经常会存在很多疑点：对方是谁？对方怎么知道我的电话号码的？对方给我打电话有什么目的……

有些保险销售员的想法过于天真，以为通过电话跟客户聊一聊，或者加上客户微信做一个自我介绍，就可以让别人掏钱购买自己的保险产品，其实这样很容易让对方把保险销售员当作骗子，轻则屏蔽保险销售员，重则直接删除保险销售员。

情景解析

很多人收到陌生人的电话，心里有疑惑，这是可以理解的。当然，很多人带着疑惑，敷衍保险销售员几句便匆匆挂断电话，这也是普遍现象。

遇到这种情况，保险销售员可以通过各种方式构建联系，比如，可以说是熟悉的人介绍过来的，这就减轻了对方的警惕心；保险销售员还可以说是对方董事长特意推荐过来的，也许在彼此愉悦的电话沟通后，对方会约定时间和地点进行进一步的见面沟通。

作为保险销售员不必介意对方发现自己是否是董事长介绍的，打电话无非是想获得面谈的机会。如果面谈后，大家相谈甚欢，实现保险产品的交易，对方自然不会再追究保险销售员曾经说过的话。

帮您支招

1. 先取得客户信任。保险销售员要想在行销这一行业立足，把保险产品推销出去，就要先取得客户的信任，这是最基本的条件。电话沟通时，保险销售员的语气要平缓，简短明了，不要让客户有压力，更不要给客户留下疑虑。

2. 多问问题，尽量让客户多说话。电话沟通，看不到客户的表情和动作，无法判断客户的想法，就很难达到保险产品销售的目的，这时，保险销售员尽量让客户多问问题，让客户发表意见，一方面可以打消客户的种种疑虑，一方面可以了解客户的真实想法。

应该这样说

- **“您好，请您给我5分钟的时间，我给您做一个简短的完整说明。”**

很多客户一听电话对方是保险销售员，就觉得会浪费自己很多时间，会当即拒绝。这个时候，保险销售员要主动消除客户心中的疑虑，然后再将客户引导到保险产品的话题上。

- **“李先生，您好，我只是向您介绍一下保险的意义和作用，至于您是否购买都没有关系”**

保险销售员利用电话与客户沟通，是为了获得拜访的机会，要把姿态放低，强调“不强迫”，让对方内心不存在疑虑、放轻松，这样才有可能达到自己保险销售的目的。

不要这样说

- **“您好，李先生，为了不耽误您的时间，我把我们保险公司的保险产品资料先寄给您看一下，如果您有什么想法，我们再进一步沟通，可以吗？”**

保险销售员为了打消客户的疑虑，表示自己不是强迫对方消费，就理所当然地认为先给客户寄一些相关的资料就表现出诚意，殊不知，很多客户会将这些资料随手丢掉。事实上，保险销售员简短的介绍，不仅会给客户节省时间，还有可能会让客户产生购买保险产品的动机。

- **“刘姐，您好，我是××保险公司的王兵，我想跟您见面聊聊，您周六有空吗？中午我请您在××海鲜城吃海鲜！”**

很多保险销售员为了消除客户的疑惑，表示自己的真诚，会邀请客户去吃饭，以为请客户吃饭，客户就会满心欢喜地答应，其实，这样最容易被客户所拒绝，因为大家都知道世界上没有免费的午餐，只有跟客户熟悉到一定程度后再邀请客户吃饭，才有可能约见成功。

情景 16：如何电话约见熟悉的客户

老客户是销售员最宝贵、最重要的资源，他们不但会带来极高的签单率，也会为销售员介绍其他优质的客户。优秀的保险销售员都善于维护与老客户的关系，很多客户在与其签单之后成为朋友，经常一起喝茶、聊天，所以，约见这种熟悉的老客户自然与约见那些未曾谋面的新客户不同。

情景解析

保险销售员电话约见熟悉客户的时候，可以以联络感情为理由，与对方闲聊，并在闲聊中装作不经意地提出与对方见面的要求，只要保险销售员没有给熟悉的客户太大的压力，一般对方都会友好地答应约见的。

帮您支招

1. 抓住一切机会约见老客户，比如节日聚会、婚庆喜事、过生日等，也许就是一张贺卡、一束鲜花，都会使客户感到温暖，并且让客户知道，对于保险企业来说，他很重要。

2. 为了让客户感到温暖，可以邀请客户参加企业举办的活动，感受企业文化。

3. 针对老客户，企业经常会推出一系列优惠措施，这时保险销售员就要第一时间约见客户，为其做详细的介绍。

应该这样说

- “张总，最近忙什么呢？我最近想买辆车，可是一直不知道哪个牌子的车比较好，SUV 还是普通的家庭小轿车哪个比较适合我？平时感觉您在这方面比较有研究，我想向您请教一下。”

保险销售员在电话约见熟悉的客户时，不要让熟悉的客户一接到保险销售员的电话就以为又是在推销保险产品，为消除这种尴尬气氛，保险销售员可以先入为主，转移话题，用客户的兴趣点来成功约见熟悉的客户。

- **“李总，您好，这个时间点您应该刚下班吧？忙碌了一天也挺辛苦的，我正好路过你们公司，要不要去咖啡馆坐坐，休息一下再回家？我请您喝咖啡，顺便给您介绍一下我们的新产品。”**

保险销售员在电话约见熟悉客户的时候，最好能照顾熟悉客户的心情，注意客户是否是刚从忙碌的工作中缓过神来，是否有不开心的事情，并适当地创造条件让对方放松，让客户的心情好起来，这样离成功签单就不远了。

- **“刘总，您好，好久不见呀，最近过得好吗？谢谢您一直对我的支持，我们公司最近又出了一款既能储蓄又能获得更多收益的理财计划，不知道您有没有兴趣听我介绍一下呢？”**

保险销售员约见熟悉客户的时候，可以试着用诊断性提问的方式，比如，“是不是”“要不要”“是……还是……”，这样既能简单地征求客户的意见，把问题不断深入，充分了解客户的情况，又不会给客户太大的压力，客户只需一两个词就可以简洁明确地回答保险销售员的问题。

但是，保险销售员在电话约见熟悉的客户时，切忌过多使用诊断性提问，这样会压抑客户自我表达的愿望和积极性，使客户处于被动的境地。

不要这样说

- **“张总，您好，今天有时间见面吗？我有很重要的事情跟您说，给您一个发大财的机会，到时候可以见面告诉您哦。”**

老客户对保险销售员可以说是特别信任的，保险销售员在电话约见时，千万不要为了达到约见的目的而有所隐瞒，或者故意欺骗朋友，否则，保险销售员不仅会失去熟悉客户的信任，还可能会永远失去这个客户。

- **“张先生，听说明天是您宝宝的两岁生日，我们公司也为您家宝宝准备了一份小礼物，您不会拒绝吧？我们面谈一下，告诉您具体的情况吧。”**

保险销售员在电话约见熟悉客户的时候，可以运用制造悬念的话术，但一定要掌握一个度，不要为了达到约见的目的，就闪烁其词、吞吞吐吐、神神秘秘，这样很容易让熟悉客户生厌，更会让熟悉客户觉得不可信。

情景 17：如何电话约见陌生客户

拿起电话约见陌生客户，对很多保险销售员来说，看似简单，却相当棘手，时刻考验着保险销售员的心理素质。也许是因为职业经验匮乏，也许是因为陌生而紧张，经常会出现不知道该跟客户聊什么的情况，思维混乱，不知道如何应对突发情况，不知道在客户拒绝后如何应对……

不仅保险销售员会因此感到困惑，任何人遇到这种情况时都会心情很糟，仿佛一切都无从着手。要想成为一名合格的保险销售员，我们就必须逾越它。因为没有谁的人际关系资源是无限的，我们原有的人际关系总有用完的一天，要想扩大客户群，提升业绩，就必须掌握一定的开发客户技巧，即便客户真的不需要你所销售的保险产品，也要让客户了解它。

情景解析

电话约见陌生客户时，销售员惊慌失措、恐惧，常常很难取得客户的信任，也会因此失去签单的机会。原因可能有以下几种。

1. 电话约见陌生客户被拒绝率较高，有时保险销售员甚至还没有开始介绍保险产品，就遭到客户拒绝，保险销售也不得不终止。

2. 因为是陌生客户，接触较少，销售员担心客户会突然提到自己回答不上的问题，害怕丢面子，尴尬。

帮您支招

1. 提前做好准备。电话约见陌生客户时，要想不出现慌乱、恐惧的负面情绪，我们就要提前收集并熟悉客户的资料，充分准备谈话内容，这样才能灵活解决遇到的问题。

2. 电话约见陌生客户，要提前约见。“地毯式轰炸法”，是指通过电话号码簿查到的号码，销售员给客户挨个打电话，这一直是很多保险销售员推崇的寻找客户的方法，实际上，这种拜访客户的方法成功率很低，虽然这可以磨炼销售员的意志力，但在此却不提倡。拜访客户还是要提前预约为好，这样既可以提高拜访的效率，又可以多方面了解客户，当然也不会遇到还没有介绍产品就被客户拒绝的情况。

3. 模拟法。保险销售员可以模拟电话销售保险的情景，并多次练习，请教经验丰富的保险销售员，积累足够的临场模拟经验，这样，电话预约陌生客户时，就会灵活自如了。

应该这样说

- “张姐，您好，我是吴老师的朋友，××保险的小李。听吴老师说您想了解一下保险产品，您什么时候有时间，我去拜访您？”

有熟悉的客户或朋友牵线搭桥，即便是彼此都没有见过面的陌生人，约见的成功概率也大了很多。

- “小姐，我看出来了，您挺忙的，我也不会占用您太多时间，我们的保险产品真的物有所值，特别适合像您这样刚毕业又想有丰厚储蓄的女孩子……”

如果客户不忙，保险销售员这样说，对方会觉得不好意思，对您的态度也会有所缓和。

不要这样说

- “张总，您就不要再考虑了吧？您都拖延这么长时间啦！”

保险销售员在电话预约客户的时候，不要一开口就责怪对方，这样很容易引起对方的反感。保险销售员要先弄清楚客户拖延的原因，是找借口敷衍还是对保险产品、保险方案存在异议。保险销售员找到原因后，对症下药，想办法让客户感到保险需求的紧迫性。

- “小姐，我还没介绍呢，您怎么知道不需要呢？”

如果你还没有向客户介绍产品就遭到拒绝，即便你的心情很糟糕，甚至很气愤，也不要直接向客户说：“我还没介绍呢，您怎么知道不需要呢？”这是一种明显的责问口气，而且你有一种不满的情绪在里边，客户本来对你的产品兴趣就不大，听你这样说会更加反感，对你的拒绝会更加彻底。遭到客户拒绝，是很正常的，因为客户的确会对产品不感兴趣，或者不需要，所以，作为保险销售员要坦然面对。

第 4 节

微信约见，给客户更多安全感

情景 18：什么样的客户适合微信约见

陌生的客户，特别是保险销售新人，刚入保险行业，没有客户、没有人际关系，很容易盲目地忙碌，屡遭拒绝，丧失勇气和信心，这时不妨试试微信约见，如果客户对保险销售员朋友圈推荐的信息有兴趣，有可能会比保险销售员想象的要积极。

熟悉的客户，特别是平常经常接触的客户，在日常生活中有很多特殊的交集，保险销售员不用打电话，直接微信约见，客户也不会轻易地拒绝，成单的可能性也很大。

情景解析

美国保险推销大师柏特·派罗曾经这样诠释保险：“我们销售的是明天而不是今天，我们销售的是未来而不是现在；我们销售的是一家之主的尊严以及免于恐惧、免于疾苦的自由；我们销售的是牛奶、面包、子女的教育、家庭的幸福、圣诞节的玩具和复活节的兔子；销售的是天伦之乐和自尊，销售的是希望、梦想和祈祷。每个人都需要保险，快去帮助他们。”人人都有可能成为保险销售员的目标客户，只要保险销售员用心，陌生的客户还有熟悉的客户，都适合保险销售员微信约见。

微信预约客户，可以给客户传输一些图文并茂的信息，给客户视觉上形成刺激，从而加大客户与保险销售员面谈的冲动；如果保险销售员所传输的资料特别有趣、具备话题点，还会引起客户的转发，这样，信息一旦传播出去，就相当于一次朋友圈亲密关系的推广，会有更多感兴趣的人主动联系保险销售员，增加保险产品的购买量；微信约见客户，还可以增加彼此的互动，增进双方的感情，是长期交流、交易的一种便捷且重要的沟通方式。

帮您支招

1. 尝试着添加陌生人的微信。保险销售员不要畏惧与陌生人沟通，要相信“对方就是我的客户”，将自己遇到的每一个客户变成自己的潜在客户，保险销售员可以努力地与陌生人拉家常、套近乎，步步为营，让客户慢慢认可自己，并适时在朋友圈发信息，或者直接推发适合客户的保险产品信息，引导客户更主动地咨询相关的保险产品信息，以达到最后微信约见的目的。

2. 尝试用自己的关系网寻找客户。保险销售员除了自己的家庭成员外，还会有同学、朋友、亲戚、老师、同事、领导，都可以通过微信沟通，即使这些人中有一些还没有买保险产品的潜在需求，将来也可能会有购买保险产品的需求，保险销售员要随时留意，适时提出微信约见。

3. 尝试添加客户关联人的微信。无论成交的还是没有成交的，每一位客户都有可能成为保险销售员的朋友，保险销售员可以通过客户的关系网拓展自己的新客户，口碑效应更容易获得对方的信任，微信也是与这些人沟通的重要媒介。

4. 巧用名片，保险销售员可以将自己的微信二维码信息印在名片上，随身携带名片，让潜在客户与自己微信联络、约见。

应该这样说

- **“欢迎大家加入本群，这里面都是艺术爱好者，如果您喜欢，我们希望跟您一起分享艺术带来的快乐！”**

保险销售员可以建一个群成员爱好一致的微信群，加强彼此的联系，进一步联络感情，比如，棋友、车友、球友、驴友、网友、票友、粉丝团，以及各类爱好组织与团体成员，这些微信好友也许在短时间内没有约见和成交的需求，但是只要慢慢积累，认真去做，总会有成效。

● “嗨，老乡们，大家好，欢迎在这个陌生的城市相识、相知，欢迎更多的老乡进微信群！”

线上，保险销售员可以建立一个老乡群，倾诉一下情感，加强一下彼此的联络；

线下，保险销售员可以组织一些有趣的活动，积累人际关系，让更多的人彼此认识。

不要这样说

● “最近特别忙，要‘冬眠’，恳请大家不要打扰！”

保险销售员要经常在人际关系网中抛头露面。不管是在微信群中，还是在实际生活中，这样做才能深化感情、增加约见的概率。

保险销售员忌“三天打鱼，两天晒网”，更不要“消失无踪”，否则，容易给客户一种不坚持、不持续、不稳定感，更难以让客户信任、放心投保。

● “您好，我是保险销售员张璐，大家有要买保险的找我，咱们可以见面详谈。”

保险销售员忌急于求成、强行推销，即便是在微信中沟通，这样也会让客户反感和厌恶。

情景19：在客户朋友圈里捕捉有效信息

如今，微信成为一种人与人沟通交流的重要工具，在时时刻刻地影响每个人的工作、决策、生活。因此，很多客户都有微信，客户会经常在朋友圈发各种信息来分享自己的生活情境，或者发一些好的、坏的心情描述文字，或者旅游照片……

只要添加了客户的微信，保险销售员打开朋友圈，就会感受到很多客户的信息扑面而来。聪明的保险销售员会从客户的微信朋友圈捕捉有效信息，完成感情的交流和保险产品的推销。

情景解析

保险销售员之所以能够在客户朋友圈捕捉有效信息，是因为客户朋友圈发的照片信息和文字信息，是客户内心的流露和演示，表现着客户的情绪，他们往往想通过这些文字和照片传达自己的内心感受。

做保险销售员是要讲销售时机的，保险销售员可以通过客户在朋友圈发的信息窥探到客户特殊的生活变化，巧妙地利用这些变化让客户重新认识到保险的重要性，然后“避实就虚、循循善诱”，引导客户考虑未来的保障问题，赢得保单。

帮您支招

1. 客户在朋友圈发开心的事情，特别是涉及钱的事情，大多数都是表明了客户保费支付能力有所增加，这个时候，保险销售员可以抓住这个特殊时机向客户推销相关的保险产品。比如，客户公司成立的时候，投保减少创业风险，紧急情况可凭保单质押贷款；客户有大笔意外收入的时候，可投分红险，增加收益……

2. 客户在朋友圈发突发意外事故的信息，客户的亲人、朋友或者其他认识的人，出现意外事故或者重大疾病，保险销售员可以借此宣传保险产品的重要性，鼓励客户购买重大疾病险或者意外险。

3. 客户在朋友圈发结婚、买房、买车、子女出生等信息时，保险销售员可以通过劝说客户“责任增加，保障也应该增加”，来鼓励客户购买相应的保险产品，保障家庭高质量的稳定生活。

应该这样说

- **“张姐，我刚看了您的朋友圈信息，您担心的问题我们有办法帮您解决，我可以给您拟定一份保险计划，让您在退休后一次性领取养老保险金，您可以在看过保险计划后，谈谈您的看法和意见。”**

保险销售员可以在朋友圈浏览客户的信息，揣测客户的需求，弄清楚客户的购买心理，制定适合客户的保险计划，然后，让客户提出自己的想法，并根据客户最终的心理诉求做出相应的调整措施，诱发客户购买保险产品的动机，进而成功实现销售目标。

- **“李姐，根据您朋友圈发的信息，我做了一个大致的分析，向您推荐是一份健康保障计划，您只需交6000元的保费，就可以享受60万元的保额，具体的保险计划书我已经给您拟定好，您可以看一下，如果您有什么不清楚的地方可以找我，我会一一帮您解答的！”**

保险销售员可以将客户朋友圈发的信息集中起来，整理分析客户的各种情况，及时有效地找出客户的需求所在，预先拟定出合适客户的方案和保险计划书，将准备工作做到完美，在细节上提高客户的满意度。

当然，保险销售员在给客户做保险计划书的时候，要重点凸显出自己的保险产品无论是从功能上还是价格上都是优于其他同类产品的，而且符合客户的利益需求，让客户感觉这款保险产品正是自己所需要的，那么，保险销售员就能比较容易地获得签单的机会了。

不要这样说

- **“姐，听朋友说您想购买保险产品，加我微信咱们可以见面聊。”**

保险销售在浏览客户朋友圈时，有些信息不能看到，对客户的全部信息不了解，就编理由或者假借身份约客户面见，这很容易露出破绽，客户一旦认定保险销售员为骗子，就会气愤地将保险销售员拉入黑名单或者投诉保险销售员。

- **“哥，您的朋友也是在我这里购买的保险产品，我看了您的朋友圈，您现在也有这样的需求，是吗？”**

保险销售员在心态浮躁的时候，很容易急功近利，为了推销保险产品，不惜撒谎，一旦让客户发现端倪，保险销售员有可能被起诉或者被110警员“问候”。

情景 20：给客户的第一条微信应如何写

保险销售员给客户发的第一条微信，只有话语表达得恰到好处，能够引起客户的关注，才能使客户放下手中要做的事情，去关注保险销售员所推销的保险产品，达到事半功倍的效果。

相反，如果保险销售员不懂得如何写第一条微信的内容，不懂得语言的使用技巧，犯了聊天的禁忌，其结果势必事倍功半。

情景解析

心理学上的首因效应指出，受先入为主的心理影响，第一印象往往比较深刻，特别是语言方面，起着关键性作用。因此，保险销售员要特别注意发给客户的第一条微信书写的内容，否则，不仅达不到与客户交谈的目的，往往还会伤害对方。

帮您支招

1. 养成良好的语言习惯。保险销售员给客户发的第一条微信的内容切忌乞讨式或者命令式的语言，把所有以我为中心的句子，改成以客户为中心的句子，比如，“您觉得如何？”；少说口头禅，像“真的”“不骗你”等语句，很容易引起客户的警惕心理；可适当地运用重复，重复的内容会让客户记忆深刻。

2. 运用有特色的开场白，吸引客户的注意力。保险销售员如果能把第一条微信的内容写得推陈出新，让对方眼前一亮，就很容易让客户觉得这个保险销售员是独一无二的；相反，如果保险销售员发给客户的第一条微信内容落入俗套，是千篇一律的保险行业信息，就很容易引起客户的逆反心理。

3. 保险销售员发给客户的第一条微信内容切忌说教。有些保险销售员总喜欢以长辈、前辈、领导自称，觉得自己年龄大或者地位高，就比客户懂得多，比客户经验丰富，给客户发微信时也是一副官腔。客户遇到这种情况，很可能会回信息说，“我暂时不想讲这些事情！”或“我自己先琢磨一下吧！”

4. 保险销售员发给客户的第一条微信内容切忌尖刻薄情。有些保险销售员攻击性特别强，说话尖刻薄情，冷嘲热讽，即使给客户发第一条微信，也丝毫不给对客户留面子，给客户留下自私自利、薄情、冷漠的印象，客户很有可能看到微信内容后就把保险销售员拉黑了。

应该这样说

- **“特别抱歉，高先生，我给您问了，经理答复说，这款保险产品对购买者有很高的要求，只限于大公司高收入的人群，很抱歉没有帮助到您，您可以关注一下其他款的保险产品。”**

保险销售员在给客户发第一条微信时，要考虑到客户的性格、人品，如果客户是一位敏感的人，千万不要说出对方不如人的情形，或者触及对方敏感处的话题，保险销售员可能说者无心，但，客户却“有意”了，也不可能再继续进行微信互动了。

- **“客户都是我的上帝，您看您哪天有时间，我专门去拜访一下您，想了解一下您对保险的看法。”**

保险销售员给客户发的第一条微信，可以用独特的开场方式吸引客户，然后，顺势将客户引入保险销售的话题中来，再凭着自己优质的服务，赢得客户的信任，提高签单率。

不要这样说

- **张先生，有些情况还是见面说比较清楚，咱们还是下周找个时间见一面吧！**

客户选择不见面肯定是有原因的，要么没准备好成交，要么的确没有时间，保险销售员应该耐心等待机会，而不是逼迫客户见面。

- **“周总，我虽然不好意思反驳您，但是，您的想法确实有问题……”**

保险销售员尽量不要反驳客户，特别是发第一条微信交流的时候，因为每个人都有自己的见解和想法，他们需要拥护者和支持者，不希望有人反驳自己。

如果保险销售员在发微信时表现得不顺从，客户会难以认可保险销售员，这会直接影响保险销售员的形象和业绩。

发第一条微信就反驳客户，保险销售员基本上就被排除在交往范围之外了，不妨学聪明些，用心领会客户的意图，顺着客户的意思说客户爱听的话。

● “张先生，根据我多年的保险销售员经验，您真的不适合那款保险产品，您最好还是换其他的保险产品吧！”

客户在完成签单后，正值最开心的时候，保险销售员却发微信说煞风景的话，让本来友好的气氛变得尴尬，客户有可能会觉得保险销售员的智商和情商都有待提高。

情景 21：你加了客户，客户没有反应怎么办

无论哪个行业，销售员都会遇到一些冷淡严肃的客户，保险销售行业也不例外。保险销售员热情招呼客户，并友好地加客户的微信，客户表面上答应或者保持沉默，之后，却没有反应。

保险销售员想要清除或是减少这种尴尬局面的出现，从这类客户身上寻找销售机会，就要学会消除客户的戒备心理，具备一定的沟通技巧，就会赢得客户的赏识，从而添加微信，进行进一步交流。

情景解析

保险销售员微信添加了客户，客户却没有反应，原因一般有以下几种。

1. 客户本身就是冷淡的人，平时不善于与人交际，很少有人能获得他的信任，保险销售员加他微信，他没有反应，似乎也是在情理之中。

2. 客户本没有购买保险销售员的保险产品的愿望，他们只是闲时逛街，纯粹是为了打发时间，他们的购买概率都非常小，甚至没有，对保险销售员的热情心怀愧疚，只能是附和着。

3. 有些客户就是为了收集保险产品信息，他会询问相关情况，但出于戒备心理，他不一定会回复保险销售员的微信，担心掉进保险销售员精心布置的销售陷阱，购买计划外的保险产品，或者担心否决交易后遭到保险销售员的恶言相向。

4. 首次加客户微信，客户一般都会产生一种戒备心理，只是不同客户表现的程度不同罢了。最鲜明的心理写照就是对保险销售员不够信任，最直接的行为表现就是即使同意加微信，也不会跟保险销售员交谈，或者交谈很少，或者干脆忽视保险销售员添加微信的要求。

帮您支招

1. 打破客户的心理戒备。也许一些保险销售员会问：有什么可顾虑的呢？没有我们谁为他们提建议呢？其实有些时候，客户正是怕保险销售员的参与影响自己对保险产品的判断，更担心自己只关注保险产品信息而不购买招致保险销售员的白眼，所以不喜欢跟保险销售员互加微信进一步交流。

想要打破客户的戒备心理，保险销售员就要从自己身上入手，以轻松或是客户感兴趣的话题开始与客户的交谈，例如，对客户说："您的背包看起来不错，您是不是特别喜欢买包呢？我平时也会买各种包换着背。"让客户体会到气氛的友好与平和，帮助客户放下顾虑，这不仅能赢得客户的信任感，同时也能在一定程度上激发客户的交谈兴趣，互留微信展开进一步的交流。

2. 首次添加客户的微信后，保险销售员需要为客户留下一段适应的空间，让其了解保险产品片刻，然后再与客户展开微信交谈。

3. 把握接近客户的最佳时机。刚加客户微信时，客户的戒备心理最强，所以保险销售员千万不要为了赢取客户而马上催促客户通过微信验证，甚至给客户转发各种保险产品信息，热情介绍各种保险产品计划，这样很容易招致客户反感，如对保险销售员没有反应，或者拉进黑名单，都是情理之中的事情。

所以，添加客户微信后，保险销售员只要礼貌性地问候客户就可以了。当客户在保险销售员朋友圈浏览保险产品一段时间后，就会进入心理"孤独期"，这时，他最需要保险销售员的问候。

应该这样说

- **"感觉您对保险产品还是有疑虑的，如果方便的话，我加您微信吧，我会定期在朋友圈发一些保险产品的信息，您有时间可以关注一下，有什么需要可以及时联系我。"**

保险销售员如果发现客户有疑虑，可以请求加对方微信，想办法打消客户的疑虑，鼓励客户说出自己的真实想法，用一种诚恳的态度和客户敞开心扉，甚至可以让客户表达自己对保险产品的建议，让客户在聊天中占有主动权，这样就不会出现客户没有反应的情况了。

- **"您是不是特别关注这款保险产品？您可以加一下我的微信，我随时会给您发这款保险产品的最新信息及客户消费情况，还有一些公司的优惠信息。"**

保险销售员要注意观察客户的行为动作，如果发现客户比较关注某款保险产品，保险销售员可以以此款保险产品为话题邀请对方留下微信，进一步沟通交流，当然，保险销售员还可以推销类似的保险产品给客户，并用图表做出鲜明的对比，让客户自己去选择。

不要这样说

- **"通不通过微信验证无所谓呀，我也懒得理这些小事情！"**

保险销售员每天都会面对无数的各种各样的客户，遇到冷淡的客户，也是再正常不过的了。但是，客户可以冷淡，保险销售员却不可以冷淡。

客户没有反应，可能会让保险销售员心里不舒服，但是，保险销售员绝不能因为客户的冷淡态度就丢掉一个可能的销售机会。

相反，保险销售员可以想办法让客户通过验证，保持应有的热情，笑脸迎接客户，只要保险销售员做到了，就有希望了，正如那句话所说："努力不一定成功，但是不努力一定失败。"

- **"我也不知道什么问题哦，可能是Wi-Fi信号不好吧，那就算了吧。"**

客户加保险销售员的微信的时候，可能会遇到各种问题，比如，没有网络信号，二维码扫描不上，这时，客户可能会向保险销售员发出需要帮助的暗示，保险销售员遇到这样的情况，一定要积极主动地帮客户解决问题，尽力地提供帮助，当然，这种帮助也可能是保险产品方面的帮助，保险销售员也一定要耐心为客户做好服务，争取好结果。

情景22：良好的微信互动是你约见成功的基础

微信早已成为一种日常生活的交流方式，很多人都将微信作为交流甚至日常生活中交易的平台。保险销售员只要将二维码分享给新老客户及准客户，客户扫描二维码绑定微信，就可以用微信互动交流。

保险销售员要意识到微信的重要作用，有效利用微信，将其优化整合到日常工作中来，发挥其应有的价值，吸引客户约见自己。

情景解析

保险销售员可以通过微信展示自己或者公司的形象，可以展示公司品牌文化，将公司相关保险产品的优惠活动展示在朋友圈，吸引更多的客户交易；保险销售员可以建立客服通道，甚至进行产品交易或者分销；保险销售员可以充分利用微信上的丰富资源，获得准客户的信息，只要有人在微信上咨询，就可以将对方看成客户，回复互动，促进交易。

当然，保险销售员要对每一次互动都采取足够信任的态度，耐心回复客户的每一个咨询，直到客户满意为止。保险销售员也可以给客户发一些优美的励志语录，节假日发一些美好祝福等，加强与客户之间的感情交流，促进更多交易的成功完成。

帮您支招

1. 保险销售员在与客户进行微信互动时，心里时刻都要有保险销售的意识。保险产品是一种特殊的产品，也是每个人的需求品，保险销售员在与客户微信互动时，要善于抓住每个机会，将保险产品悄悄地推销出去。比如，李小姐的孩子出现了意外事故，心情烦闷地向保险销售员倾诉，保险销售员在安抚一番后，可以借机向李小姐推销意外险产品。

2. 保持对保险产品推销的热情与积极性，随时随地与客户进行微信互动，用心发现客户的日常习惯，随时随地优化自身形象，相信客户无处不在，无处不有，努力与各类朋友微信互动，为约见打好情感基础。

应该这样说

● **“如果有一天您不能陪着您爱的人，您会留下什么？”**

保险销售员可以将自己的微信二维码打印在名片上，背面印上一句触及别人心灵的话，随身带着这些名片，可以将名片放在别人的购物车里，可以将名片放在餐桌和收银台上，甚至交水电费和电话费的时候，也悄悄地散发一些名片，请求别人扫码加自己的微信，在微信自动回复和签名上显示这句触动人心的话，吸引客户来主动找保险销售员买保险产品。

● **“您好，周先生，很荣幸认识您，看到您朋友圈的信息，事业有成的您对子女教育也是特别成功呀！真是佩服呀！今天想过去拜访您，也是出于对您的敬佩之情，即使您已经购买了保险产品，也没关系的，希望能认识您一下，请多多赐教。”**

用微信约见，保险销售员可以先入为主，用与众不同的客套话打动客户的心，表达自己的尊重和敬意，让自己的表达更得体、更礼貌。

不要这样说

● **“您好，有时间关注一下我们的保险产品信息，谢谢！”**

保险销售员在微信互动的时候，不要总是不停地刷屏，不停地重复发产品信息，甚至给要约见的客户发群发信息，客户在短时间内浏览你多条微信信息，很容易产生厌倦心理。

● **“对不起，我很忙，一会儿有空再跟您详聊！”**

保险销售员在与约见客户微信互动的时候，如果在忙紧急的事情，一时耽误不了手中的事情，又怕对方等太长时间，可以发个表情，表示你正在关注对方的聊天。比如，开心时，发一个龇牙的大笑表情；伤心时，可以发一个流眼泪的表情。当然，你可以下载一些表情包，随时随地发各种形象、有趣的表情，否则，很容易让客户有被冷落的感觉，甚至会误解保险销售员。

● “很开心能约见您，希望今天聊得开心！”

保险销售员在与顾客微信互动的时候，可以适当地使用语音，让对方听到你磁性的声音。心理学家研究发现，有7%的效果来自于说话的内容，38%取决于声音，而有55%取决于肢体语言，声音所起的作用不可忽视，它传递着感情的温度，加快感情的升温。

情景23：户外摆摊，拓展客户不用等

保险产品是一种特殊的商品，人人都需要它。无论到什么地方，无论什么时候，保险销售员都可以户外摆摊，让客户了解保险产品的意义和价值，增加与客户交流的机会，联络与客户的感情，将保险产品推向更多的家庭、更多的客户。

户外摆摊，最大的好处就是拓展客户不用等。主动与陌生人接触、沟通，为将来登门拜访做积极的准备，每一个客户都不是等来的。

情景解析

保险销售员户外摆摊的时候，要时刻做个有心人，不管何时何地遇到何人，都要强迫自己有技巧、有意识地与陌生人接触、寒暄、沟通，最好能获得客户的电话和资料，或者留下自己的联系方式，把“保险生活化、生活保险化”做到极致。

户外摆摊，就是保险销售员与陌生人关系逐步融洽的过程，保险销售员可以借此机会、通过各种方式将这些人发展成自己的客户，进一步结交他们的朋友，融入他们的圈子。随着客户量的增长，促成的机会也会随之增长；当促成的机会增长后，促成的次数也会显著增长。如此良性循环，保险销售员就不会再发愁客户的事情。

帮您支招

1. 留下联系方式，周末拜访。在现实生活中，客户大多数都处于“隐藏”状态，他们不会主动跑过来询问保险产品的事情，这就要求保险销售员把握户外摆

摊的机会，多为自己制造拜访的巧合，通过周末拜访，把这些客户挖掘出来。

2. 从熟悉的地方开始展业。保险销售员都有自己熟悉的地域，从熟悉的地方着手展业，不仅与客户有共同话题，还可以在一个圈子里形成口碑，容易形成说服力，另外，同一个地方的客户往往比较集中，有利于保险销售员集中拜访和开展售后服务。

应该这样说

- **“李姐，这是我们这段时间比较优惠的保险产品套餐，您可以了解一下……”**

保险销售员要在人群集中的地方摆摊，并在咨询台上放一些价格在百元以下的保险产品。在周末，大家没有工作压力，心情比较放松，看到价格比较便宜的意外保险产品往往容易产生购买的欲望。通过这些低价格保险产品的销售，保险销售员较容易取得客户的简单信息和联系方式，再次进行保险产品推荐的时候，客户接受的可能性就会提高。

- **“张姐，这些短期意外保险卡单是免费送的，您可以试一下……”**

保险销售员在户外摆摊的时候，要找准潜在的客户。比如，送短期意外保险卡单、旅游资料、服务小手册等东西，都要满足客户的实际需求，这样，才能达到比较好的效果。

不要这样说

- **“张姐，咨询台上的小礼品，您可以选一份拿走，但是，麻烦您帮我介绍一些客户……”**

保险销售员在户外摆摊的时候，与客户沟通不要太死板，一说话就带有明显的功利性，这样，很容易引起客户的反感，吓跑客户。

- **“自己随便看……”**

保险销售员在户外摆摊的时候，最忌讳守株待兔，以为资料都在咨询台上，就可以随意做自己的事情，让客户自己了解咨询台上的资料，这样很容易让客户感觉到保险销售员的怠慢和不尊重，没有积极主动的服务，就没有推荐保险产品的机会。

第二章

拜访客户，如何说才能取得信任

第 1 节　见到客户的前三分钟很关键
第 2 节　会说话，留给客户良好的第一印象
第 3 节　会聊天，客户信息全掌握

第 1 节 见到客户的前三分钟很关键

情景 24：着装得体给客户留下好印象

保险销售员要想给客户留下良好的印象，就要着装得体、整齐清洁。得体的着装，不仅能体现保险销售员自身的修养，还能增加交际的魅力，使客户愿意与自己深入交往，增加推销保险产品的机会，提高保险产品的销售率。

试想一下，如果一个保险销售员蓬头垢面、衣衫不整地站在你的面前，你会相信他几分？可见，得体的着装不仅让保险销售员更加自信、更加惬意，也让保险销售员在保险事业中游刃有余。

情景解析

得体的着装，可以满足客户对保险销售员社会角色的期待，给客户留下好印象，更值得客户信赖，能够促进保险销售交易的成功，促进保险销售员与客户良好社交的成功。

得体的着装还可以从一个侧面真实地传递一个人的修养、性格、气质、爱好和追求，让保险销售员的个人形象更富有魅力，更容易让更多的潜在客户与之交往，维持长久的情谊。

在人际交往中，得体的着装往往起着潜移默化的作用，它代表着保险销售员对生活、工作的热爱，代表着保险销售员对客户的尊重，代表着保险销售员对商业交易的信心，很容易引起客户的好感。

帮您支招

1. 保险销售员的着装在任何情况下都要保持干净整洁，服装要平整、没有褶皱，不得有线头，衣领、袖口或其他地方不得有油渍，扣子要齐全等；不管内衣还是外衣都要勤洗勤换，保持着装的干净整洁。

2. 保险销售员对自己穿的鞋袜也要重视，袜子要整洁、无污垢、无漏洞，皮鞋要保持鞋面光亮无污垢。着装得体有着不可忽视的重要性。

应该这样做

●

得体着装要注意整体性原则。得体的着装可以将形体和容貌融合在一起，让整个人看起来更和谐、更有魅力。保险销售员在选择服饰的时候，要注意款式、质地、颜色、加工技巧乃至环境等都应该相互匹配。

●

得体着装要注意个性化原则。各种服饰都有着自己的内涵和风格，保险销售员要挑选适合自己的服装，让得体的服装烘托自己的个性，展示自己的年龄、气质、爱好、身材、行业特征等，用与自己相协调的服饰塑造出自己的礼仪风貌和最佳形象。

●

保险销售员要明白，社会生活是多层次、多方面的，在不同的社会场合、不同的社会环境中，保险销售员扮演着不同的社会角色。在推销保险产品时，保险销售员只有符合保险企业职员的身份、地位和社会角色，才能被客户理解、被客户接受，所以，得体的着装体现了社会角色原则。

不要这样做

●

男保险销售员宜少用香水；女保险销售员忌打扮得花枝招展，忌浓妆艳抹。

保险销售员的着装不要过于雕琢，也不要太花哨、轻浮，要简约、大方、明快、朴素，最好能留给客户斯文、高雅、端庄的好印象。

情景 25：对再熟悉的客户也要讲究礼仪

在人际交往的过程中，人们往往是从彼此的言谈举止中认识对方，进而了解对方的一切相关信息的。同样，在保险推销工作中，客户认识保险销售员的主要方式也是如此。好的礼仪才能给客户留下一个好的印象，赢得对方的注意。

客户只有受到了足够的尊重，才可能将目光转移到与保险产品相关的问题上，所以，即使面对再熟悉的客户，保险销售员也要特别注意自己的言谈举止，注意自己的礼仪。这样，当双方建立起良好的人际关系之后，再进行保险产品的推销，获得成功的机会就会多得多。

情景解析

商场上有一句话："客户是上帝。"如果保险销售员不注重客户的感受，对客户没有耐心，缺乏必要的礼仪，就很难拉近与客户之间的心理距离，虽然不少新入职的保险销售员在心里都能认识到与客户建立良好关系的重要性，但是一到具体工作中，这种想法就难以付诸行动，这往往是因为他们不懂得如何营造出一种良好的氛围，言谈举止间不能让客户感觉到自己被尊重。

帮您支招

1. 得体的仪容仪表是保险销售员基本礼仪的表现形式，保险销售员即使拜访再熟悉的客户，也要根据约见的场合、时间、事件的不同，选择与自己的肤色、个性、年龄、身材适合的正装，表现出自己专业的形象，给客户留下一如既往地认真负责的好印象，保持持久的情感联络。

2. 即使再熟悉的客户，也要耐心对待，这也是保险销售员基本礼仪的表现形式。在拜访客户的时候，保险销售员的耐心就是重视客户的表现。如果保险销售员能以十足的耐心解决客户提出的异议甚至是投诉，那么保险销售员往往会给客户留下更深刻的印象。反之，客户就会觉得自己对保险销售员来说可有可无，从而也就不会对保险销售员产生好感。所以，在销售中，保险销售员应该时时对客户表现出耐心，而且越是令保险销售员棘手的问题，保险销售员越要表现出耐心，这样才更能表现出保险销售员对客户的重视。

3. 即使对再熟悉的客户，也始终保持微笑，这也是保险销售员基本礼仪的表现形式。微笑是一种最有价值的语言，表达对客户的欢迎或劝慰。对保险销售员来说，一个看似不起眼的微笑，也许就可以带来众多商机和巨大的经济利益。

应该这样说

- **“请问您打算买哪款保险产品？有什么想法呢？可以聊聊您最关注的问题吗？我们共同研究一下合适的保险计划。”**

保险销售员在与客户沟通交流的时候让客户多聊自己，也是一种基本的礼仪。要把对方放在重要的位置，尽量将话题围绕着客户展开，多谈客户的利益，将客户作为主语，这样，不仅会让客户注意到保险销售员的保险产品，还可以让客户感觉到保险销售员很重视自己。

保险销售员切记：即使在提正确合适的意见时，也要少用“我觉得”“我认为”等主观色彩强烈的语言；如果想表达自己的意见，就换一种说话方式，比如：“您觉得我的想法怎么样呢？”

- **“保险首先是一份保障，当然也是一种投资，虽然收益有限，但相对来说比较安全。”**

拥有专业的保险知识素养，是保险销售员最基本的礼仪表现形式。当然，并非拥有了专业的保险知识就能顺利成交，保险销售员还应该真诚面对客户，认真回答客户的疑问，不欺骗客户、不隐瞒客户，这样客户才能放心地购买保险。

不要这样说

- **“嗯嗯嗯，好好好，没关系没关系……”**

即使再熟悉的客户，保险销售员也不要表现得太随意，翘着二郎腿、摇头晃脑，双手抱胸或托腮，或将双手放在衣服口袋里。对客户来说，这都是一种傲慢、不庄重的表现，让人厌烦。

相反，保险销售员与客户沟通的时候，要坐姿端庄，身体微微前倾，以表示对客户的重视。

- **“刘先生，谢谢您对我们提出的意见，请您交一下佣金！”**

保险销售员在跟客户沟通的时候，尽量少用专业术语。有些专业术语客户听不懂，又不好意思说自己不懂，怕自己因为无知而被别人看轻，或者知道是什么意思，心里却很不舒服。

保险销售员最好能把这些专业术语转化成通俗易懂的语言，避免滥用专业术语而给客户带来负面情绪，比如，将“意见”改为“关心”，将“佣金”改为“手续费”等。

情景26：寒暄是一种礼貌，但不要过

寒暄，是保险销售员和客户增进感情的催化剂，也是保险销售员实现销售目的的一种语言表达形式。如果能把客套话、人情话练就得出口成章、妙语连珠，在推销保险的时候，就会潇洒自如、从容不迫。

但是，寒暄不能过火。保险销售员与客户寒暄的时候，要视情况而定，做到进退有余，点到为止。

情景解析

过度的寒暄，有可能让客户产生误解，认为保险销售员是一个做事不稳重的人，或者是一个虚伪的人。一旦失去客户的信任，客户就会对保险销售员销售的保险产品失去信心，不愿意接受保险销售员推销的保险产品。

帮您支招

1. 寒暄要把握一个度。保险销售员在与客户寒暄的时候，要用心，只要深思熟虑地设计几句适宜的话语，让客户感到保险销售员的真诚即可。

若不经思考，随便捡几句话来敷衍，客户就会觉得保险销售员根本不够重视自己，不过是客套的奉承和恭维而已，因此，客户就有可能对保险销售员产生反感，更别说购买保险销售员销售的产品了！

2. 以具体的事情为着眼点来寒暄。寒暄的时候，说出客户特有的品质，赞美客户的独特性，就很容易满足客户的虚荣心，更容易让客户有成就感，从而打心底认可保险销售员的眼光，进一步认可其销售的保险产品。

应该这样说

- **“听说，您对禅学很有研究，很有造诣。我最近也看了几本禅学方面的书，对有些问题很不解，您有时间的时候能不能给我讲解一下？”**

保险销售员要学会将寒暄化为无形，将保险销售的功利性淡化到最低，并用生活化的语言勾起客户的兴趣，让客户在潜移默化中接受保险销售员的观念，从而达到销售保险产品的目的。

- **“这个保险销售公式是由精算师算出来的，你若想知道具体的推算过程，我可以邀请我们的精算师给您演示一遍。”**

寒暄时，语言表达要慎之又慎，否则，客户很有可能对保险销售员的能力产生怀疑，甚至还会引起一些不必要的麻烦。

不要这样说

- **“李小姐呀，不好意思，耽误您个人时间了，很抱歉……谢谢您能够体谅我们……听说您有一个很漂亮的女儿……”**

保险销售员寒暄的时候，不要一直唠唠叨叨，甚至不停地打听客户的隐私，这很容易让客户觉得保险销售员不是在工作而是在“八卦”，客户就不愿再跟你聊保险产品了。所以，保险销售员在寒暄之后，要及时迅速地将话题拉到客户所关心的保险产品上。

情景 27：自我介绍时简单精练

毛遂曾以“三寸之舌，强于百万之师”的口才达成了联楚抗秦的盟约。在竞争激烈的保险行业，口才能征服更多的客户。但是，保险销售员在语言的表达上也要掌握一个度，特别是自我介绍的时候，语言一定要尽量简单精练，能让客户对自己和自己的公司有个初步的了解。透露出真诚和热情，才能感化客户。

保险销售员在自我介绍的时候，要具有特色，可以幽默风趣，也可以简洁生动，最终目的——给客户留下深刻的印象，告别零存在感，快速积累人际关系。

情景解析

保险销售员简单精练的自我介绍，是客户对自己和公司的评价尺度，不仅可以透露出自己的个性和态度，还可以留给客户一个好的印象。

相反，如果保险销售员在自我介绍的时候啰啰唆唆、含糊不清，就很容易让客户质疑保险销售员个人的能力以及保险产品的优劣，客户多半会以保险销售员专业性不强而拒绝进一步的交流沟通。

帮您支招

1. 保险销售员向客户自我介绍的时候，要保持合适的距离。如果距离过近，会让客户感到压抑，产生逃离的想法；如果距离过远，会让客户有生疏感，没有亲密交谈的想法。

2. 保险销售员在自我介绍之前要做好充分的心理准备，最好在纸上列出几条重点，以免自己过于紧张或兴奋而忘记要说的内容。当然，保险销售员也可以给自己写一个自我介绍的范文，背得滚瓜烂熟，这样，每次遇到新客户就能脱口而出。

3. 保险销售员要尽量培养自己将自我介绍在 1 ～ 2 分钟内完成的能力。

应该这样说

● “张经理，您好，我是 ×× 保险公司的代理王华，昨天为您的朋友量身定做

了一份保险计划，她特别喜欢。她说你们是好朋友，您最近恰好也有保险需求。”

保险销售员在进行了简单的自我介绍后，不要忘记寒暄和客套。虽然要长话短说，但要保证说的大部分都是与销售有关的话题。

- **“您好，李先生。关于我的工作，在有的人看来是银行家，专门帮别人存钱的；有人认为我们是慈善家，当有人遇到灾难时，我们绝不会袖手旁观；有人认为我们不是地球人，能做好别人做不了的工作。您觉得呢？”**

保险销售员在自我介绍的时候，要富有创意，可以说：“我是专门帮客户打理财富、转移风险的小蜜蜂。”这样会给客户留下深刻的印象和亲密的好感。

相反，如果保险销售员自我介绍的时候呆板、僵硬、过于拘谨或者啰啰唆唆，就很容易引起客户的排斥心理，失去继续交流的兴趣。

- **“您好，李经理，我是××保险公司的理财顾问。我们公司在全国设有上万家分公司，特别是在我们这样的二线城市，您大概了解一些吧？”**

保险销售员在自我介绍的时候，要懂得借力，可以是公司本身的实力，也可以是合作集团的实力。突出公司的威望，就是突出自己的优势、提升自己的身份，这样才能给客户留下深刻的印象。

不要这样说

- **“您好，张先生，我是××保险公司华南片区的总经理，从事保险行业20年，获得了特别好的业绩，带的客户不计其数……”**

保险销售员在自我介绍的时候，一定要实事求是，不要得意忘形地自吹自擂、各种炫耀，比如自己的高学历、自己的学识、自己的富裕家庭、自己高高的职位、自己的高收入等，这些很容易让客户对保险销售员产生距离和隔阂。

- **“您好，李总，我是××保险公司的业务代理，跟其他保险销售员一样……”**

保险销售员在自我介绍的时候，忌呆板、生硬，说话没有高低快慢之分，没有节奏和停顿。

相反，保险销售员在自我介绍的时候，要声情并茂，语速有快慢，语调有高低，语音有厚薄，节奏有松紧，给人留下充满活力和朝气的深刻印象。

第 2 节

会说话，留给客户良好的第一印象

情景 28：巧妙的赞美，让客户心情舒畅

赞美客户，是保险销售员赢得客户的最有效手段。保险销售员可以从客户的性格、年龄、声音、文化修养等方面夸赞客户。如果是朋友介绍过来的，借朋友之口来赞美客户就会显得更真实真诚了。

但，保险销售员切记，不要为了哄客户高兴就随便捡好听的的乱说，那样有可能引起客户的反感。

情景解析

销售中一定要赞美客户，但并不是每一个人都能用好赞美这个技巧，特别是那些新入职的保险销售员。一方面， 保险销售员经常不能恰到好处地使用赞美，不是过分赞美，就是不切实际，而这也成了推销保险产品失败的重要原因之一；另一方面，赞美的目的性过强，只是为了赢得客户的好感而被动地使用赞美，结果造成了对客户的赞美不够真诚，甚至缺乏事实依据，很难让客户产生认同感和信任感。

所以，保险销售员善于运用赞美是远远不够的，关键还要知道如何运用好赞美，只有恰到好处地赞美客户，才有可能真正赢得客户的心。

帮您支招

1. 选择恰当时机赞美客户。赞美也要选择时机，有些保险销售员为了快速赢得客户的好感，就连连赞美客户，殊不知，这样往往会适得其反，使客户觉

得听到的所有赞美都没有任何价值。

如果将销售工作比喻成一幅画，那么赞美就是其中的点睛之笔，恰到好处地准确运用，才能让整幅画生动起来。在整个销售过程中，保险销售员应该让客户认为你的赞美有价值、有品位，使其留下深刻的印象，让他知道：你的赞美之词是因为看到他才真情流露的，是很自然也很宝贵的，他才是唯一的受用者。让他感觉到只有你是懂得欣赏和赞美他的，你还会发愁产品卖不出去吗？

2. 具体地赞美客户。一些保险销售员在赞美客户时之所以显得空泛、不切实际，多半是因为他们对客户的赞美缺乏具体的内容，不懂得使用明确具体的赞美。

所谓明确具体的赞美，是指赞美客户时以与客户相关的某些事物为载体，以此来联系并赞美客户。这样的赞美真实、具体、有可信度。例如，你的客户是一位男士，那么与他相关的某些事物如工作、事业、爱心、孝心、衬衫、领带、发型、额头、鼻子、西装、领带夹、气质、车子、房子、妻子、孩子等，都可以是你赞美他的载体，如“先生，您的妻子很漂亮，孩子又那么可爱，您真是幸福啊”。类似这样的具体赞美，任何一位客户都会非常乐意接受。

3. 善于找到客户的亮点。赞美的目的是赢得客户的欢心，但是有的保险销售员用的赞美不少，却不见成效。这往往是因为他们没有把赞美与客户本身很好地结合起来。

例如，遇到客户开着一辆名牌汽车，不少保险销售员就会赞美客户的车漂亮，但是这样的赞美难免会显得肤浅，也没有什么亮点，很难给客户留下深刻的印象，也会让客户感觉这是一种恭维和敷衍。但是如果能将赞美与客户本身联系起来，如“您的车保养得真好啊”，就会让客户感觉你是通过细心观察才得出的结论，是你发自内心的赞美。

4. 让赞美正合客户的心意。在赞美客户时，有些保险销售员习惯搬出一些赞美的客套话来应付客户，比如“您的身体富态，有福啊”“我这就是混日子，您这才是日进斗金的大生意啊”等。类似这样“福禄财”的寒暄语，在现在的时代早已不适用了。

要想真正打动客户，保险销售员就要把赞美说到客户的心里，与客户本身密切关联。比如，你的客户刚刚当了爸爸，妻子孩子健康平安。这时谈及孩子是最能令他开心的事。你可以先祝贺他，并借此好好赞美他一番，就会增加他作为父亲的自信。因为你的赞美能动了他的感情，所以他也会对你倍增好感。

应该这样说

- “周末您也不休息一下，您真是对工作认真负责啊，我也得向您学习啊！不过您也要留一些时间给自己，不能太劳累啊。”

从客户的人格入手，赞美顾客工作认真，让他产生自豪感！

- “李小姐，您的皮肤看起来好细腻，年轻真好！”

从客户的年龄入手，赞美顾客的年轻，让她充满自信！

- “宋先生，听您说话，就知道您是一个很有修养的人，认识您真荣幸。”

从客户的文化修养入手，赞美客户的文化水平很高，让他充满自恋感！

不要这样说

- “张姐，您看起来真年轻，您老公一定特别宠您吧！”

赞美不恰当，很容易引起对方的反感。在这个例子中，你真的猜不出张姐的丈夫是否宠她。

- “大哥，听您声音是吉林人吧？我是黑龙江的，也算半个老乡，东北人都仗义，以后一定要多照顾哦。”

套近乎的方法不恰当，意图太明显，客户很可能会认为你是一个虚情假意的人。

情景 29：聊双方都知道的事，但不故作熟悉

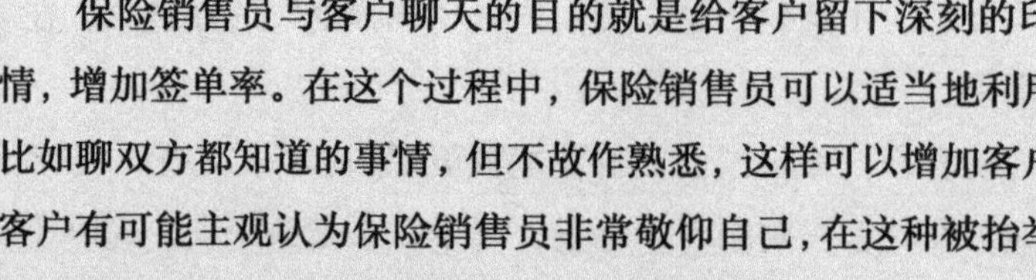

保险销售员与客户聊天的目的就是给客户留下深刻的印象，联络感情，增加签单率。在这个过程中，保险销售员可以适当地利用聊天技巧，比如聊双方都知道的事情，但不故作熟悉，这样可以增加客户的存在感，客户有可能主观认为保险销售员非常敬仰自己，在这种被抬举的状态下，其很容易产生飘飘然的感觉，甚至最终被保险销售员“牵着鼻子走”。

情景解析

心理学中有一个“YES，BUT定律”指出，如果想否定对方的话，试着说“我不知道”，先顺着对方的思路走，赞同和表扬对方的观点，然后再指出其失误之处，这样，对方更容易在心理上接受。

因为人都是要面子的，保险销售员给客户留足了面子，就是给客户无比的尊重和重视，客户才能接受保险销售员的观点，保险销售员才有进一步的说话权，否则，很容易激发客户的抵触心理。

帮您支招

1. 找问题法：保险销售员以问题为出发点，或者主动暴露自己话题中存在的问题，让客户抒发自己的感慨和真知灼见。比如，保险销售员说：“最近，某个地方火灾传得沸沸扬扬，被很多人关注，由此转变保险观念的人是不是很多呢？”对方：“有可能吧！只有事情发生在自己身边，很多人才会意识到保险的重要性，才能打破固有的老观念，才会主动积极地去接触保险，或者购买保险产品……”

2. 抛砖引玉：保险销售员谈自己的观点、看法，故意丢失一些重要的信息，或者思想观点不客观，这样，客户就会指出你的不足，从而打开话匣子。比如，保险销售员说：“这款保险产品最近卖得这么火，全是广告做得好呀！”对方：“不全在广告做得好，这款保险产品的实用性比较强，性价比比较高，很多人都很认可这款保险产品，我身边的亲戚朋友和邻居中有很多人买呢！还是邻居李姐介绍我来你这里买的呢……”

应该这样说

“张姐，这款保险产品不是你说的这样吧！你可以来看一下这些实例，都是身边的亲戚朋友的实例，您也可以当场打电话向他们确认信息……”

保险销售员在跟客户聊天的时候运用“YES，BUT定律”时，会故意否定对方的话，这样很容易引起对方的误会和猜疑；开始的时候，客户可能会有一些不理解，有点失望，但是，只要保险销售员态度真诚，客户就会找理由展开聊天。

所以，保险销售员不要心存顾虑而放弃这种说话技巧，要用“否定其他，肯定对方”的方式将客户捧起来，给客户一种唯我独尊的感觉，客户可能会十分注意维护这种好形象，进一步加深彼此的友好关系。

- **“这款保险产品您也是有过深入了解的，您不妨跟我说说您对这款保险产品的看法，您的意思是……”**

保险销售员在与客户聊双方都知道的事情时，聊到中间环节，客户想得到保险销售员的理解时，保险销售员为表示自己在认真、真诚地倾听，可以用简单的语言表达自己的所思所想，让客户明白保险销售员对客户的理解程度。

比如，保险销售员可以这样说，“您刚才说的是这样的吗？”“您的观点是……”“您的意思是……”“您是说……”

不要这样说

- **“哇，李姐，您的想法太前卫啦，佩服佩服……”**

保险销售员为了稳定客户的情绪、调动客户的愉悦心情，经常会一味地恭维对方、赞美对方，，不轻易否定客户生怕与客户的想法、观点相左得罪客户而影响与客户的友好关系，或者影响签单率。次数多了，反而会给客户带来很大的压力。

保险销售员偶尔可以运用一下“YES，BUT 定律”，先抑后扬——否定曾经，肯定现在，客户是可以欣然接受的。

- **“张姐，这件事情您是知道的，您说说呗！”**

保险销售员不要以为帮助过客户、客户知道某件事情，就以为自己在客户心中的地位无可比拟。保险销售员要永远记住：你只是一个保险销售员、一个理财顾问，你不是客户的上级和领导，你没有权力对客户指手画脚、下指示、下命令。

一旦出现这种情形，会非常不利于销售工作的进一步开展，对促成保险销售也是无益的。

情景 30：如果客户感兴趣，可直接切入正题

在保险销售行业，很多销售员怕给客户造成陌生感，或者怕因为太严肃而给客户造成太大的压力，会在与客户正式沟通交流前，或空话、套话一大堆，或长篇大论，或慷慨激昂，或啰啰唆唆，又冗长又繁杂，就像老太太的裹脚布，耽误双方的时间不说，还吸引不了客户，反而很容易让客户失去与保险销售员聊天的兴趣。

保险销售员跟客户聊天的时候，忌冗长，忌空话、套话、大话，这样才能在有效的时间里达到沟通交流的目的。

情景解析

据社会心理学的超限效应原理，越反复刺激对方，就越会让对方厌恶，倒不如掷地有声的寥寥数语有魔力！特别是在社会节奏加快的今天，简明扼要，短小精悍，才更容易让客户记住。像英国前首相丘吉尔、美国著名的短篇小说家马克·吐温，都是讲话简短明了的模范。

事实上，如果聊的是客户感兴趣的话题，保险销售员就可以直接切入正题，言简意赅地说出重点。往往简短的语言更容易直入客户的内心。能一句话将意思表达清楚，就不要两句话、三句话。

帮您支招

1. 保险销售员在跟客户交流沟通的时候，不用说太多的细节，可以直接说结论。客户也需要工作、需要生活，有太多的事情要忙，与其徒增客户的烦恼，不如直接告诉客户结论、结果。

2. 保险销售员在跟客户沟通交流的时候，要学会掐时间，告诉自己这些话一定要在多少时间内说完。如果保险销售员说的每句话能让客户减少 1 秒钟的理解时间，那么保险销售员与客户的每次聊天就会节省 ×× 分钟的时间，1 年就会节省 ×× 小时的时间，一辈子就会节省 ×× 天的时间……这样，保险销售员的时间利用效率就会提高很多，聊天的效果也会提高很多。

3. 多用短句。短句简洁有力，有利于客户集中精力地倾听保险销售员聊天，

不像长句那样容易让客户误解。

应该这样说

- **“这款保险产品已经被很多工薪阶层的人士购买，性价比还是比较高的。但是，我觉得您还是购买另一款保险产品为好，因为它的功能更全面，毕竟您的经济能力还是不错的。”**

保险销售员要明白，我们正处于一个快节奏的时代，那种循序渐进、含蓄客套、旁敲侧击的时代基本上已经结束了。开门见山，快速切入主题，坦陈自己真实的感受，让客户在最短的时间内理解保险销售员的话语，在最短的时间内消化保险销售员的想法，彼此就不会绕圈子了。

特别是在拒绝客户的时候，保险销售员更要切入正题，坦率地说出自己的感受，让客户理解自己的做法，这样既达到了自己的目的，又给足了客户面子，一举两得。

- **“张姐，您别想多了，我给您推荐这款保险产品，更多的是考虑您自身的需求，并不是因为考虑您的经济实力……”**

保险销售员在与追求完美的客户沟通交流的时候，不要磨磨叽叽、絮絮叨叨，要坦诚、直截了当、直接切入正题，因为这类人特别敏感，保险销售员的拐弯抹角、耍伎俩，客户都了然于心，除了不屑与厌恶再无其他。

不要这样说

- **“您家养的狗有一股难闻的臭味，我的嗅觉比较敏感，闻到异味容易头晕，我还是单独跟您谈这款保险产品吧！”**

坦白地说出真实的感受、观点，是比绕圈子更有效，但是，对于太难听的真话也要修饰一下，否则很容易伤害客户，容易让客户恼羞成怒。

- **“您看您优柔寡断的，做个决定这么难。半个小时都过去了，您还没定下来是给老公买保险产品还是给宝宝买保险产品吗？要不然，既给老公买一款保险产品，同时也给宝宝买一份保险产品。”**

保险销售员如果直截了当地批评客户，很容易让客户觉得自己在面子上挂不住，即使保险销售员说的是忠言，也有可能引起客户的反感和恼怒。

所以，保险销售员在希望客户接受自己意见的时候，可以换一种委婉的说话方式，让客户在放松和娱乐中不知不觉地接受保险销售员的观点，这样的效果才会更好。

情景 31：幽默一点，客户更喜欢与你沟通

幽默在保险销售领域中是一种最佳的调剂品，体现着保险销售员的智慧和情趣。适当的幽默，不仅可以给客户带来开心、融洽沟通的氛围，还可以让客户放松戒备和敌意，有利于拉近保险销售员和客户之间的距离，获得客户的好感，从而给保险产品的推销带来意想不到的效果。

情景解析

保险销售员如果一本正经地跟客户谈保险产品， 就像在跟客户谈判，氛围很容易陷入紧张和严肃中，有可能影响签单率。

适当的幽默，将保险产品植入笑话中，可以顺利地将保险产品推销给客户，保险销售员有可能因为幽默而获得客户的青睐，从而签得大单。

帮您支招

1. 保险销售员要想在推销保险产品时灵活运用幽默，就要试着将自己变成一个有着幽默趣味的人，用心在生活或者网络、电视中搜集幽默段子、幽默话语，越积越多，当积累到一定程度，由量变到质变，自然就会变成一个幽默睿智的人，会更受人欢迎。

2. 优秀的保险销售员都是特别用心的，他们之所以能用幽默的方式说话，是因为他们平时总是在用心学习喜剧演员的表演，会惟妙惟肖地表现幽默的搞笑神情、动作、语气；有时候，夸张的表演会为自己赢得客户的喜爱，获得顺利推销保险产品的机会。

应该这样说

● **“刘先生，请您不要急着拒绝我吧！我住在上海，而您住得太远（泰远），如果是太近的话，多来几次倒无妨，为了不让我跑‘太远’听我讲3分钟吧！”**

保险销售员在推销保险产品之前，不妨给客户准备一道开胃菜——适当幽默一下，以增加彼此的亲切感，让客户在情感方面不由自主地接受保险销售员。

只有客户对保险销售员感兴趣了，对保险销售员的幽默感兴趣了，保险销售员才会被客户重视起来。

● **“哈哈，周先生，您别误会，您看起来非常健康，特别适合我们公司的健康保障计划，不是因为您不够健康，恰恰相反，只有像您这样健康的人才适合购买我们公司这份‘健康保障计划’，不是一般人随便都可以买的。”**

达成交易，才是保险销售员和客户交流的目的。即使保险销售员很幽默，特别会开玩笑，也不要为了表现自己就冲淡聊天的主题，把客户的思路引得越来越远，导致交易失败。保险销售员一定要避免这样的低级错误。

不要这样说

● **“李先生，您现在购买了意外险，只要您发生这些意外，就会得到相当高的保险赔付额，为您的家人留下一份丰厚的经济保障，您完全不用担心您家人的生活……”**

保险销售员在运用幽默的时候，一定要适当，像身故险、疾病险等涉及比较敏感的条款时，保险销售员一定不要开玩笑过头，让客户觉得不可理喻，引得客户不开心，让客户误解，觉得保险销售员不够尊重自己。所以，保险销售员在给客户讲解的时候，一定要注意自己的措辞。

● **“张先生，您还是考虑一下我们这份意外保障计划吧，这是我们公司最近最受欢迎的一款保险产品，也是公司刚推出的新款。”**

很多刚入行的保险销售员认为只要自己掌握了保险产品的专业知识、将保险产品推销出去就是成功。事实上，保险销售员不仅是在推销保险产品，而且还是在推销自己。

推销保险产品时，过于正经，有可能会更尴尬；适当运用幽默，会将自己也推销出去，更有机会获得与客户的持久联系，获得更多的签单机会。

情景 32：抛出双方感兴趣的话题，让对方消除戒备

很多时候，聊天就像给气球充气，如果充得太满，很容易爆炸。保险销售员如果在聊天的过程中不懂得跟客户聊双方感兴趣的话题，甚至有意无意地给对方施加压力，苛刻指责，那么，保险销售员在客户心目中的形象将大打折扣，而保险销售员自己也并不快乐，只会因此生气、郁闷，对方也很可能会消沉或自暴自弃。

所以，与客户聊天的时候，要放松身心，用诙谐风趣的语言化解危机，用大度和幽默博得客户的尊敬与喜爱，不时地抛出双方感兴趣的话题，机智灵活、八面玲珑，不拘小节、平易近人，才能让客户消除戒备，让彼此更顺利地交谈下去。

情景解析

保险销售员在跟客户交流的时候，要想与客户聊得轻松自如，就要学会抛出客户感兴趣的话题，让客户觉得你们是同一个世界的人，放松了警惕，才会增加彼此的亲密感。

保险销售员在抛出双方感兴趣的话题的同时，还要选择适宜的聊天方式。尝试一下“以柔克刚、以退为进、以守代攻、以静制动”的策略，同一件事，选择一个适宜的角度，用不同的表达方式来聊；保持自然的心态，让客户感觉到保险销售员的友好、和蔼、宽容、真诚。

帮您支招

1. 抛出双方感兴趣的话题后，少说多聆听。保险销售如果想让客户放松下来，最好在抛出双方感兴趣的话题后，少说多聆听；不仅要让客户感觉到保险销售员在听，还要适时地表达自己的意见，及时地响应客户、反馈客户，比如，

会心地微笑、赞同地点头、简单地重复等。这样，客户才能感受到保险销售员在认真地听、理解了客户的话、明白，客户愿意讨论和关心的重点在哪里、了解客户的观点或感觉。

2. 抛出双方感兴趣的话题后，保持“同频”。保险销售员如果想在抛出双方感兴趣的话题后和客户保持 “同频”，就要精神集中，心无旁骛，专注于客户所说的话，努力捕捉客户的表情、动作，理解最重要、最关键的信息，揣摩客户想要表达的感情和内容，从而深切地体会客户的感受，并做出积极的回应。

这样，双方才能投入到兴致盎然的聊天中去，才能顺利地达到保险销售员自己的目的。

应该这样说

- **“真的吗？您的邻居也是买的这款保险产品吗？我很想听听他是怎么评价这款保险产品的。”**

保险销售员在跟客户交流的过程中，如果客户面露迟疑，怕保险销售员对他的聊天内容不感兴趣，这时保险销售员就要及时消除客户的顾虑，给客户以深聊的鼓励。比如，“真的吗？我对此很感兴趣。”“您能深入地谈一谈吗？”“快说吧！我都等急了！”

“是的，遇到这种情况确实让人气愤。但是，我们保险公司绝对不会出现这种问题的。”

保险销售员在跟客户沟通交流的时候，如果客户讲到某个事情的时候心烦气躁、无端愤怒，不能控制自己的情绪，这时要用简单的语言疏导客户的心情，让客户适时地发泄一番，以便能深聊下去。比如，“这，真让人气愤！”“您是不是很难过？”

- **“长得漂亮真不容易，购买保险都容易被发现，因为谁都想多看几眼。”**

保险销售员抛出双方感兴趣的话题后，还可以瞄准最好的时机，适当地开个小玩笑，活跃一下气氛，让客户在心理上有愉悦感，让聊天轻松自如起来。

不要这样说

- **“我对这个话题不感兴趣。”**

保险销售员如果抛出一个话题，客户不感兴趣，而是聊起其他的话题，即使保险销售员自己不感兴趣，也不要表现出不耐烦的态度。

如果保险销售员不想深入这个话题，大可用适当的语言逃脱，比如，“对不起，这份保险计划资料领导要得急，我们能不能一起努力在下午赶出来？下次我们再聊这件事情吧”等，这都是有礼貌的拒绝，比脸上挂着不耐烦强得多。

- **“请……请……请……”**

保险销售员要想让客户消除戒备、放松下来，就不要表现得过分客气，这样反而更见外，更让客户觉得不自在，比如保险销售员在沟通交流的时候不停地使用敬语“请”“谢谢”“您”等。

情景33：少说多听，满足客户倾诉的欲望

一个成功的保险销售员，并不是一个滔滔不绝、时刻沉醉在自己对保险产品介绍中的人，而是一个把话语控制权交给客户、把说话机会留给客户的人。

没有比聆听客户心声更有效的保险推销方式了！聆听，不仅能满足客户倾诉的欲望，更能了解客户的内心需求，更能了解保险公司在产品、服务方面存在的问题及改进方式，进而设计出满足客户需求的保险产品销售规划。

情景解析

聪明的保险销售员，懂得以听众的身份满足对方畅所欲言的诉求，悄悄渗入客户的内心，赢得客户的喜欢。

保险销售员可以从客户滔滔不绝、侃侃而谈中得到各方面的信息。在此

基础上，由表及里、由此及彼地分析思考、了解客户真正的意图。了解的信息越多越全面，在保险销售中就越占先机，保险销售目的也会较快实现。

要想全方位获得客户的信息，就要从细微处着手，由小到大，见微知著，细细观察客户的每一个动作来分析其心理；细细观察客户的每一个表情来分析对方的心情；细细品味客户的穿着打扮以猜测对方的个性；细细观察对方的配饰、物件来思索客户的兴趣、爱好……投其所好，促使保险推销顺利完成。

帮您支招

1. 多给客户表达意见的机会。把说话的机会留给客户，主动引导客户说出自己真实的想法和意见，直到客户说出自己在保险产品方面的需求。

2. 创造愉悦轻松的谈话氛围，引导客户说出自己的真实想法。轻松愉悦的谈话氛围很容易让客户放松警惕，认为保险销售员是站在客户的立场上为其谋取最大的利益；在这样的信任下，通过融洽的沟通，很容易将保险产品推销给客户。

应该这样说

“我觉得这个方案非常适合您，您觉得呢？”

用探讨的方式，以关键性的一两句话，引导客户说出自己的需求信息，说出自己的相关意见。即使客户没有接受，也可以继续保持气氛的融洽。

“这个保险产品对于你家宝宝的教育太有利啦！您觉得呢？”

保险销售员在推销保险产品的时候，可以先用简洁的语言表达一下自己的观点和看法，甚至故意丢失一些重要的信息，说一些思想观点不客观的话，以抛砖引玉，让客户打开话匣子。

“是的，这么一想，确实很划算！”

扮演倾听者的角色，让客户充分地表达自己的看法，并在适当的时机重复其观点，认同客户观点的合理性。一旦客户意识到自己受到了无比的尊重，就会畅所欲言，甚至自己说服自己去购买某个保险产品。

不要这样说

- **“您这样想就错了。按我的想法，您投这款保险，5年后就可以获得收益了，到时候，您可以拿着这笔红利供您的孩子上大学……”**

保险销售最忌讳盲目自大、好为人师。以自我为中心，讲个没完没了，完全不顾及客户的想法、态度，这只会让客户明显感受到保险销售员过于功利性的销售目的，有可能不接受保险产品。

相反，保险销售员一定要多聆听，以真诚朴实的语言、请教的姿态、谦虚的话，从客户的话语中了解客户的担忧与顾忌，以达到对症下药的目的。

- **“等一下，刘先生，我想插一句话，如果您这样认为……”**

聪明的保险销售员懂得给客户充分的机会、充足的时间，让客户充分地表达自己的异议，而不是因为客户说的话不正确或者不客观而试图打断客户说话，这样的说话方式很难使推销成功。

第 3 节

会聊天，客户信息全掌握

情景 34：了解客户的家庭信息，挖掘潜在需求

在保险销售行业，客户的家庭信息是客户详细资料的关键，保险销售员可以从中了解客户的保险需求；这样，保险销售员才能化被动为主动，像地质勘探者一样，准确找到宝藏的位置，有备而来，进而提高签单成功率。

而实际情况是，很多客户认为家庭信息是比较隐私的事情，不愿意被别人问及，常常出于戒备心理而敷衍应对，甚至拒绝回答。

情景解析

客户的家庭信息直接影响着客户的保险需求，决定着客户所选择的保险险种及基本保额，所以，保险销售员必须想方设法得到客户家庭信息的第一手资料。

比如，通过年龄观察客户有儿女，可以分析孩子的开销，引起共鸣，这样就很容易得到客户为孩子花费的教育费用数据；通过客户配偶的照片信息，引导客户主动透露配偶的年龄、职业、保险消费观念……

整个交流过程中不要让客户感觉到压力，而是进行朋友式的聊天。可以对客户的付出和家庭负担表示尊敬和理解，以“为家人多一些家庭保障”为由，劝解客户为家庭成员购买合适的保险。

帮您支招

1. 选择合适的交流时间和氛围。选择环境氛围比较放松的场所，或者选择客户家人比较空闲的时间，在愉悦的沟通中，引导客户自觉地将家庭成员引荐

给保险销售员。

2. 提前告知。在与客户沟通之前，要主动告知客户需要询问的家庭信息内容及其原因，并为客户严格保密。

3. 穿插询问。保险销售员不要密集式、一次性地提问，而是要将问题分散开来，穿插到交流的整个过程中。可以先询问客户配偶的职业、收入、保险计划等，再聊轻松的话题；之后，再聊客户子女的年龄、教育费用、预备教育资金等，接着聊轻松的话题；最后，聊客户父母的收入来源、赡养费用等。询问与轻松聊天多次交叉进行。

4. 隐私交换。在家庭信息的隐私话题上，保险销售员可以先分享自己的隐私信息和感悟，引起客户的共鸣，引导客户自觉提供保险销售员想要的信息。

应该这样说

- **“这墙上都是您女儿的奖状呀！多优秀的孩子呀，长大了一定有出息！您可以考虑给她美好的未来做一份保障呀！建议您为她购买一份教育基金，缴费到了一定阶段，就可以领取一大笔保障金，等她长大了，可以用这笔钱创业，或者做其他的投资！”**

保险销售员要学会仔细观察客户家的室内环境，迅速寻找引起客户共鸣的话题，鼓励客户为家庭成员做长远规划，适时推出适合客户家庭成员的保险品种，给家庭成员带来保障。

- **“如果您打算这么做，不妨考虑购买少儿险，万一有意外发生，可以将家庭经济遭到的伤害降到最低。”**

保险销售员在与客户沟通的时候，要善于从客户的话语中透露出的信息获取其为家庭成员购买保险的意愿，并把这一话题作为切入点，运用利益分析法，成功地将保险产品推销出去。

不要这样说

- **“刘先生，这是您和您爱人的照片吗？很恩爱哦！您爱人也很漂亮！”**

保险销售员在对客户家庭成员不了解的情况下，不要胡乱猜测，想当然地按自己的构想描绘客户的家庭状况，否则很容易引起双方的尴尬。

● “李先生，您太太叫什么名字？做什么工作？每年的大概收入是多少呢？”

保险销售员向客户询问其家庭成员信息时，最忌讳查户口式的盘问，这样最容易引起客户的抵触和强烈的反感，更别提签单了。

情景 35：了解客户的经济状况，探知客户的购买力

客户的经济状况直接决定着客户需要多少保障。经济实力越强，客户需要的保障越高，承担的保险金额也越高；相反之，经济实力越弱，需要的保障也相对较低，承担的保险金额也越低。

保险销售员要对客户的经济状况有一个基本的了解，并客观、准确地预测出客户的购买力，对客户希望购买的保险与其经济收入之间存在的差距进行分析，重点分析两者之间的缺陷与不足，找出影响客户经济收入、支出的最不平衡的因素，进一步提出自己的建议，让客户对保险销售员心生依赖，进一步接受保险销售员的建议。

情景解析

客户的经济状况决定着客户的购买力，要想向客户推销适合的保险品种，就必须对客户的收支情况有一个详细的了解。

但是，客户家庭的收支情况是比较隐私的问题，保险销售员应尽量委婉地去打听，并做好保密工作，站在客户的立场上推销保险产品。

帮您支招

1. 以专业的保险知识说服客户。 保险销售员要对客户的经济状况做出专业的分析，让客户意识到经济收支上的漏洞可能带来的风险，提醒客户要有相应的忧患意识；给予客户相应的帮助，让客户对保险专业知识有进一步的了解。

2. 对客户的经济情况进行图表分析或统计，尤其是在处理家庭收支方面的数据时，图表可以让保险销售员思路清晰、准确记录，客户也可以一目了然地看到收入、支出、保险金额等情况。当然，这种专业精神也很容易引起客户的好感。

应该这样说

● **“如果是小病，国家的基本医疗保险就可以报销；如果是国家基本医疗保险以外的疾病，不能报销怎么办？您不为未来可能出现的负担考虑一下吗？”**

保险销售员劝解客户的时候，可以从未来可能出现的负担入手，说服客户以购买相应保险的方式来规避未来可能出现的风险和负担，做到未雨绸缪，想客户所想、急客户所急。

● **“我们总是以为生活会按我们设定的轨道走，不好的事情不会降临到自己身上。直到有一天我朋友的妈妈得了食道癌，我看到朋友瞬间被击垮，不但心理上难以接受，光医疗花费都让朋友难以承受。为了给妈妈看病，我的朋友整日东挪西凑，为每一个明天发愁。所以说，早准备没有坏处呀。”**

与保险销售员了解到客户有一定购买保险的能力后，要选好恰当的入口，以身边的保险案例说服客户，强调不可预测的风险给人带来的冲击，因此应该购买相应的保险，让生活更好地继续下去。这种不做作的陈述方式，不仅不勉强客户，而且能让客户改变自己以往的认知，从而成功地将保险产品推销给客户。

不要这样说

● **“您自己看一下，您的收支分布得太不均匀了，差距太大了，是需要调整的！”**

保险销售员在分析客户的经济情况时，不要过于武断，动不动就去否定客户的每一笔收支方式，尖锐地提出客户收支存在的各种问题，这样会很容易让客户受到伤害。

保险销售员跟客户聊这些不良状况时，要尽量委婉，尽量以客户在心理上容易接受的方式提出来。

● **“对不起，您刚刚说的是……是 2000 元还是 2500 元？”**

保险销售员在跟客户聊经济情况时，很容易遇到烦琐、难记的数据，有可能记错，也有可能漏听，或者忘记客户所说的具体的数据。如果因此而要求客户不断地重复，频繁使用以上话语，就很容易给客户留下不专业、不专心的坏印象。

情景 36：了解客户的保险计划，适时提出自己的建议

保险销售员向客户推销保险品种的时候，要先了解客户的保险计划，从客户关心的事入手，围绕客户购买相应保险的益处，抓住客户的需求，为客户量身定制出客户的专属保险计划。

在这个过程中，保险销售员一定要挖掘出客户最紧迫、最主要的需求，分析客户保险计划中存在的空缺或缺陷，针对这些问题提出自己的建议，进一步完善相应的保险计划，这样才能更有力地说服客户快速实施保险计划。

情景解析

保险销售员要想成功地推销自己的保险产品，就要根据客户的保险计划了解客户的保险需求，一项项梳理，哪些是近期的保障，哪些是远期的保障，精细化客户的需求，让客户明白自己的负担和责任，并对这些保险需求形成清晰的认识；客户很可能会主动完善保险计划，购买相应的保险产品。

帮您支招

1. 积极引导。保险销售员要想办法将话题引导到客户感兴趣的话题上，让客户在没有任何压力的情况下畅所欲言，积极说出自己的需求及保险计划。在此基础上，保险销售员要将完善的保险计划推销给客户。

2. 制定保险计划需求分析记录表，归类整理客户的个人资料。a. 个人资料：姓名、手机、出生日期、年龄、住址、工作地址、接触过的保险公司、过去 5 年是否动过手术；b. 配偶资料：姓名、年龄、生日、接触过的保险公司；c. 其他家庭成员的资料：姓名、年龄、关系；d. 家庭收支：个人资产——收入、社会保险、公积金、商业险、其他收入；支出——生活费、教育费、赡养费、偿还贷款；资产净值——个人资产、家庭支出、资产净值；e. 保险计划：保险需求、每月保费预算、每年保费预算；f. 其他资料。

应该这样说

- **“周先生，请您帮我在小卡片上填三项信息：1. 生日日期；2. 您是否有饮酒或抽烟的习惯？3. 最近5年内，您是否有住院治疗的经历？”**

保险销售员可以先设计一些基本问题让客户填写，通过客户填写的答案来初步判断客户是否符合投保条件，关注客户有哪些保险需求及保险计划，为推销保险计划打下基础。

- **“刘先生，您刚刚说到五大保障：教育基金、家庭保障金、退休金、有计划的储蓄、应急现金。我们公司有一个理财计划特别适合您，可以为您解决这五大问题，我来给您介绍一下吧？”**

保险销售员要注意客户所在意的关键性问题，并了解客户对这些相应保险产品的看法和认知，尽快掌握客户最主要的需求及保险计划。

- **“武先生，您戴的这款瑞士手表太有范了，特别适合您的儒雅气质。像您这样追求完美的成功人士，肯定也希望有一份私人定制的完美保险计划书给您提供完美的保障吧？”**

客户最得意的话题往往隐藏着客户最在意的事情中，保险销售员可以从客户最得意、最在乎的话题中挖掘客户真正的深层次的保险需求计划，准确定位客户的保险产品，顺利实现签单目标。

不要这样说

- **“李小姐，您手提包上的这个挂饰太大了，不太适合您这么精巧的包包。”**

在与客户聊保险计划的时候，不要去贬低客户所在意的人和物，否则会令客户反感。

相反，保险销售员要去赞美客户所在意的人和物，并以此为契机转入保险计划话题，让话题为推销保险服务。

- **“难道您有什么私人原因不方便跟我说吗？您是觉得没必要，还是对这方面的保险产品不了解呢？”**

保险销售员在跟客户聊保险计划的时候，客户可能有一些在短时间内不愿意回答或者不知道怎么回答的问题，这样很容易使聊天陷入僵局，出现冷场。

聪明的保险销售员要学会打圆场，不要逼问客户或者进行主观猜测，否则客户会因为反感而结束聊天。

情景 37：了解客户的工作情况，提出针对性服务

保险就是为了给客户解决风险，只有摸清客户的工作情况，了解客户的收支情况，才能找到客户的“症结”，制定出相应的保险方案，有针对性地服务于客户。

保险销售员要对不同职业、不同收入的客户进行分类，针对不同类别的客户提出不同的建议，制定不同工作、收入人群的保险计划，然后再具体到客户，提出针对性服务。

情景解析

保险销售员最忌讳只积攒客户资源，缺乏理性的规划和分析。聪明的保险销售员都会对客户群进行筛选、整理、分级，根据客户的工作情况和收支情况，进行有主有次、有先有后的针对性服务，这样不仅会提高工作效率，也会取得良好的效果。

另外，保险销售员的时间和精力也是有限的，只有对潜在的客户进行科学的分析、管理、评估，才能少做无用功，才能将更多的时间和主要的精力放在客户的需求上。

帮您支招

1. 保险销售员要积极发挥自己的主观能动性，引导客户说出自己的工作情况，深入了解客户的收支情况，用多样化、生动化的语言吸引客户的注意力和兴趣，诱导客户说出自己的保险需求。

2. 根据客户的工作情况，制定客户评估表。a. 来源及编号：亲戚、朋友、邻居、同学、校友、同乡、同事、社交团体等；b. 职业：行政管理、专技人员、

业务人员、商务管理、文职人员、制造业、服务业、学生、退休人员、家庭主妇等；c. 年龄：25 岁以下，25 ~ 34 岁，35 ~ 45 岁，46 岁以上；d. 年收入：2万元以下，2万 ~ 5万元，5万 ~ 10万元，10万 ~ 20万元，20万元以上；e. 婚姻情况：单身，已婚无子女，已婚有子女；f. 分级标准：70 分以上——A 级，50 ~ 70 分——B 级，30 ~ 50 分——C 级，30 分以下——D 级。

应该这样说

- **“您这个年龄阶段，上有老下有下，家庭美满，工作基本上定型了，事业处于上升期，工资、分红资金较多，我向您推荐一份具有储蓄功能的保险计划，具体内容是这样的，您看是不是更适合您？”**

保险销售员可以通过提问的方式获得客户的工作情况、收入情况，之后仔细地从这些有用的信息里挖掘客户的保险需求，并对客户所需要的保险产品进行定位，制定出符合客户需求的保险计划。

- **“您工作这么好，收入又高，资金比较充裕，可以考虑几个险种搭配购买。我可以给您详细介绍一下，保险主要有健康险、意外伤害险、事故保障险、分红险等。”**

很多客户对保险产品了解甚少，保险销售员可以做相关的详细介绍，先引起客户了解保险产品的欲望，再引导客户根据自己的工作情况、收入状况说出自己的保险需求，帮助客户进一步完善保险计划。

- **“您计算过孩子的教育花费需要多少钱吗？我们公司的同事做过初步的计算，孩子从幼儿教育到大学教育这十几年中，平均每年要花费 2 万元以上。这些只是基本的教育花费，并不包括孩子生活中的意外风险花费。您不考虑一下如何保障孩子未来的教育吗？”**

保险销售员在同客户聊天的时候，不要害怕提及客户心中的疑问，相反，可以通过客户内心的疑问，找到客户的保险需求，再根据客户的工作情况、收支情况制定合适的保险产品计划。

不要这样说

- **“您是公司的管理人员，工资也高，分红也高，买分红险比较适合您，您**

觉得呢？”

保险销售员不要根据自己对客户职业的猜测来主观断定客户的工作及收入情况，否则很难估计客户的经济实力，容易过高或过低估计客户的收入水平，客户的保险需求与自己的工作收入不能结合起来，就很容易触发客户的抵触心理。

第三章
直面客户，排除异议促成交

第 1 节 产品介绍

情景 38：如何介绍子女保险产品

保险产品介绍是保险销售的关键环节，保险销售员要想顺利成交，就要将保险产品介绍好。这是每个保险销售员做好保险行业的入门课，也是与客户沟通的基本语言技能。

面对已作为父母的客户，保险销售员要将子女保险产品的介绍放在彼此交流沟通中的重要位置，要懂得用灵活的语言进行各种保险销售的技巧和策略，绕开各种语言禁区，给客户一个愉悦的购买体验。

情景解析

子女是父母的心头肉，明智的父母爱子情切，自然会为子女考虑深远。而购买保险产品，为子女的未来设置全面的保障，让子女过得轻松一点，便是一个重要的表现。

保险销售员可以抓住父母的这一心理，为客户耐心解释各种子女保险产品，用情感打动客户的内心，让更多的父母为自己的子女购买保险产品。

帮您支招

1. 让客户明白子女保险产品所能带来的利益。优秀的保险销售员应该明白，客户买的不是保险产品，而是保险产品所带来的利益，在利益的驱使下客户才有可能大笔地花自己的血汗钱。因此，保险销售员在向客户推销子女保险产品时，要做一份合理的子女保险计划，帮助客户实现利益最大化。

2. 保险销售员一定要懂得用简练的语言、高超的沟通技巧将子女保险的基本特征和卖点介绍清楚。子女保险产品种类多、稳妥踏实、风险小，保险销售员要向客户讲清楚子女保险产品有哪些险种、有哪些保障、有哪些利益、保费是多少、保额为多少等，让客户对子女保险产品心里有底，明白子女保险产品的优势。

应该这样说

- **“张姐，谢谢您对子女保险产品的认可，希望这份预备保障能为你遮风挡雨。这是我们公司送您的两把雨伞，请笑纳！”**

基于人们趋利的心理，保险销售员可以向客户赠送一些小礼物，虽然花费不高，但会为自己创造一个介绍保险产品的机会。当然，这些小礼物最好是与子女保险产品息息相关，既能让客户了解相关的子女保险产品信息，也能赢得客户的好感，从而创造更多的签单机会。

- **“张先生，您的孩子真可爱。您这么疼爱他，是不是早就为他的未来做好了具体的打算和规划？我们公司有一款6万元的子女保险产品，一个月存450元，就可以让孩子拥有一个理想的前程规划。孩子的未来有保障了，他长大后也会对您感激不尽呀，您觉得怎么样？”**

保险销售员在介绍子女保险产品的时候，要懂得站在客户的角度去思考问题，去谈子女保险产品的保障带给亲情的力量。从客户潜在的内心需求出发，找准客户的关注点，才能赢得客户投保。

不要这样说

- **“李姐，您可以给孩子买这款重大疾病险，这款保险产品自带分红的功能，您每年都能得到分红，每年的分红额是2万元。您每年所交的保额为5万元，分红挺多的，保额也不高……具体情况在这份资料上写着呢，您自己看看吧。”**

保险销售员在向客户介绍子女保险产品的时候，最忌讳语言不简练、啰啰嗦嗦、含糊其辞，对于最基本的险种、保障利益、保费、保额等信息都没有介绍清楚，却废话一堆，当客户有疑问追问的时候，连子女保险条款的内容都解释不清楚，还习惯用敷衍的话推脱责任，试问，客户还会安心和踏实地购买保险产品吗？

- **"张哥，您可以为孩子买30年期的分红险，共交9万元，每年3000元，记得，每年3000元，一共是9万元……"**

保险销售员在推销子女保险产品的时候，不要总是不停地提到年保费和总金额，毕竟，作为一个普通家庭的主人，每年的收入是有限的，所承受的经济负担也是有限的。如果保险销售员一直强调年保费和总金额，很容易让对经济条件一般的客户排斥和抵触。

情景39：如何介绍子女教育基金

子女教育基金是保险产品中比较热、比较火的一种产品，保险销售员在推销子女教育基金的时候，不仅要熟记子女教育基金的推介词，还要多结合当今教育的聚焦点，调动客户的购买热情，于情于理打动客户。

当然，保险销售员在推销子女教育基金的时候，要结合客户的需求与子女教育基金的卖点，不欺骗客户，不夸大事实，用子女教育基金打动客户，用自己的人品打动客户。

情景解析

随着社会的发展、人们生活水平的提高，很多普通家庭把孩子的教育放在首要位置，对孩子在教育上的投资日益加大。当然，很多家长对孩子教育的投资不只在传统教育上，很多转变保险观念的家长也开始给子女买教育基金，来保障孩子的教育与成长。

保险销售员要抓住这么好的机遇，学好推销子女教育基金的技能，本着求真务实的态度，提高客户高风险意识和维护自身权益的能力，让客户放心投保。

帮您支招

1. 预测到客户的拒绝。聪明的保险销售员明白，即使再优秀的保险销售员都会在推销产品的时候遇到拒绝，客户会提出异议。于是，他们都未雨绸缪，找到解决客户异议的好办法，每次在推销子女教育基金之前，他们都会把自己当作客户，问自己会有哪些顾虑，会有哪些要求，会有哪些拒绝购买子女教育基金的理由，然后，针对各个问题，各个击破，这样，面对客户的时候才能做出正确的反应。

2. 宣传要有前瞻性，做到差异性服务。保险销售员在推销子女教育基金的时候，要将子女教育基金的最新动态告知客户，而且消息要有前瞻性，再根据不同客户的不同需求，提供差异性服务，让客户感受到被尊重，同时，让客户感受到得保险销售员是以客户的利益为中心在工作。

应该这样说

- **“如果您用这8000元买小儿综合保障计划，这8000元就会变成2.5万元的住院补贴；如果孩子患上了保单的某种疾病，这8000元就可以变成25万元的医疗现金；如果孩子发生了意外，这8000元就会变成46万元留给家人；如果孩子平平安安到60岁，这8000元会变成每年2万元的养老金，可以一直领取到去世……”**

保险销售员在给客户介绍子女教育基金的时候，如果只是概念化地说客户可以得到哪些利益，可能客户就没有什么感觉；如果保险销售员把保险产品放在一个特定的情景下，将每一笔收益讲得特别具体化、生动化，并讲清楚用来干什么，客户看到具体的数额，就更容易心动，购买的冲动也会更强烈。

不要这样说

- **“张姐，说实话，这款大学教育基金有一点缺陷，您千万别介意哦！这款基金收取的保费比较高，您投保后可能会降低您的生活水平，增加您的经济负担，而且大学毕业后，孩子就得不到保险公司的任何补助了，它是一个短暂的保障。”**

保险销售员在给客户介绍子女教育基金时，不要一直强调客户在意的子女教育基金的缺陷，也许这些问题，刚好客户特别在意，保险销售员也只是不识时务地一提醒，就很容易导致交易失败。

● “张哥，您的意思是给孩子选这个少儿综合保障计划，是吗？如果您确定了的话，就可以在这里签字了，这样这份保单就可以立刻交给您管理了。”

有些保险销售员是新手，没有销售经验，又急功近利，为了让客户签单，也不顾及客户的需求，不从客户的角度出发为客户考虑保险产品的实际用途，不顾及保险计划是否科学合理，就完全顺从客户的意愿。短时间可能会赢得客户的欢喜，但是，从长远考虑，客户得不到实际的收益，也会放弃和保险销售员继续合作，甚至会退保。

情景 40：如何说服企业老板为其员工投保

企业老板为其员工投保，无疑是一笔大单。聪明的保险销售员会围绕着企业员工的需求不断进行创新，努力做到因需而变，随机应变，从而赢得商机。

保险销售员在说服老板的时候，可以围绕企业为员工投保，可以转嫁员工在从事雇佣活动中遭受人身损害所应承担的赔偿责任，保险公司可以付员工的医疗费用、残疾费用、死亡费用、住院津贴费用，不仅为企业节省了一大笔钱、增加了流动资金，还帮企业解决了大麻烦。

情景解析

保险销售员说服老板为其员工投保，有很多好处。

1. 与企业老板谈妥了，便是大单，一般都会省去很多与个人单独谈的时间，也会免除很多困难，是一条推销保险产品比较省心省力的途径。

2. 企业资金雄厚，持续缴费能力强，保险销售员不用担心保费的问题，有企业这棵大树遮挡，保险销售员会省去很多经济方面上的担忧。

3. 在企业老板为其员工投保过程，遇到任何问题都可以直接找企业老板一人即可，省去了大量的管理成本。

帮您支招

1. 做一份让企业老板赏心悦目的保险建议书。保险销售员在做保险建议书时，要将投保险种建议和保险利益说明表达清晰，文笔简洁，内容专业又通俗易懂，利用图文、表格等方式多样化展示给企业老板，被保险人姓名、性别、年龄、职业类型、保险产品名称、缴费方式、保险金额、保费等一一列出，需要特别提醒企业老板的地方用特殊标体显示。

2. 拜访企业老板时，随身携带笔记本电脑，方便进行数据演算和建议书修改。笔记本电脑渐渐成为人与人之间交流、沟通的重要工具，保险销售员携带笔记本电脑，可以随时对企业老板提出的合理建议进行修改，进一步完善保险计划，既提高了工作效率，又拉近保险销售员与企业老板的距离，促进签单。

应该这样说

- **“张总，您看您的普通员工每个月工资都高达6000元，而意外险每年才100元，员工绝对有这个购买能力的，而且，员工发生任何意外，都会换来一笔重要的经济补偿，最高可达20万元……”**

保险销售员在说服企业老板为其员工投保的时候，要充分考虑到员工经济状况的稳定性和购买能力，因为保险产品要定期缴费，且缴费期间较长，只有员工有较高且稳定的收入，才能保证保单的持续有效，才能有效说服企业老板为其员工投保的持续性。

- **“李总，您若经济上有考虑，可以先给公司的中高层购意外险，这对其他员工也是一种激励。”**

公司的保障一般有主有次、有先有后，保险销售员说服企业老板为其员工投保的时候，可以按照这个原则，以最核心、最关键的保障需求为主，将公司责任最重的顶梁柱员工放在首要的位置，从公司大局的角度出发，企业老板也会考虑为这些员工投保的。

不要这样说

- **“刘总，这是我们昨天晚上连夜赶出的保险建议书，没来得及做封面，您先大致浏览一下吧……”**

保险销售员说服企业老板为员工投保的时候，需要用到各种资料，特别是保险建议书更是必备资料，一个漂亮的封面会更有说服力，将保险公司的LOGO、地址、电话、传真、邮编、网址、APP等信息书写清晰，方便企业老板联系自己。

保险销售员千万不要因为赶时间，将保险建议书做得乱七八糟，甚至连封面都没有，这很容易让对方觉得保险销售员特别不负责任，失去了客户的信任，也就失去了保单。

- **“张总，您看您公司中层以上的主管经常都会出差，坐飞机或者开车，都是有风险的，一旦出现意外，公司将会赔偿很多钱。出于考虑公司不如给这些员工投一个定期寿险，您看一下这个定期寿险的资料，每天存2元，20年一共存14600元，到员工退休年龄可以取出接近30万元的资金，如果这20年内出现什么意外，可以得到一次性35万~45万元的补偿金，公司就不用再给员工出补偿金了，小投入大收益，真的特别划算……您再看看这份资料……”**

保险销售员在说服企业老板为其员工投保的时候，不要只盯着资料，这样，很容易让企业老板觉得保险销售员的业务不够娴熟，依赖资料，会根本没心思跟保险销售员谈，企业老板还有可能觉得保险销售员不够尊重、重视自己，不能随时体察自己的想法，根本都聊不到一起去，那么，保险销售员的保单基本就泡汤了。

情景41：如何介绍商业车险

随着人们生活水平的提高，私人小汽车几乎成了每个家庭人员外出的代步工具，各大保险公司也将商业车险摆在了重要位置，这也为保险销售员推销商业车险提供了机遇。

保险销售员在说服客户的时候，可以从增加客户私人小汽车的保障角度出发，为客户分别介绍私人小汽车的车上人员责任险、盗抢险、第三者责任险、自然损失险等险种，不仅可以减轻客户的经济负担，还可以化解各种纠纷，否则，客户将面临无法上牌、过户、年检等问题。

情景解析

保险销售员想要将商业车险成功地推销给客户，就先要搞清楚商业车险可以为客户做什么，客户可以从中得到哪些利益。保险销售员只有熟悉、掌握了商业车险的功能和服务特点，才能有效地跟客户进行沟通交流，最终成功交易。

帮您支招

1. 学会试探客户的心理。保险销售员先提前了解一下客户的综合情况，对客户信息进行整理分析，用反向式的推荐方式，大致了解客户不认可、不喜欢的商业车险方案，或者用开放式的提问方式，找出客户认可的商业车险方案。在试探中，找出客户的心理轨迹，然后，再去设计商业车险品种，这样一定会事半功倍。

2. 保持与客户的互动。保险销售员在向客户推销商业车险的时候，每讲完一个主要的信息点，就要用问答的形式询问客户的意见，及时明了客户的打算、疑虑，增加客户的参与感，更能提高签单率。

应该这样说

- **“李哥，您看这是保险建议书，这份‘商业车险计划’是专门为您量身定制的。您先看一下您享受到的利益：如果您在投保其间发生意外事故，每年可以享受4万元的保额，重大疾病额度会提高到7万元……”**

保险销售员为客户进行保险建议书讲解或者其他资料讲解的时候，不要用手指指着，这是不礼貌的，要用笔指着资料；对资料或者保险建议书上的专业术语、关键词先用笔标出来，然后，用通俗易懂的语言向客户解释清楚。

- **“李先生，最近这段时间是提车旺季，我们公司为此做了一系列的商业保险活动，如果您这周内为您的爱车交第三者责任险、车上人员责任险、盗抢险、车辆损失险、自燃损失险、车身划痕损失险、不计免赔险交强险，费用一律低至7折，而且赠送您10张免费洗车券，现在投保特别划算！”**

随着国际大型公司的进入，商业车险的市场竞争也越来越激烈，保险销售员可以在公司申请成功的情况下，在提车旺季开展营销推广，比如，折扣、返成等方式，让客户看到实惠，刺激客户的购买欲，完成签单。

不要这样说

● **“张哥，您还是投保吧，如果不投保，您的爱车会被查处，而且还会受到交警处罚！”**

如果客户的车不交法律强制投保的险种，将没法上牌、过户、年检，上路后也会被查处，并罚双倍的保费。虽然这些都是事实，但是，保险销售员跟客户说这些情况的时候，要委婉、真诚，不要让客户感觉保险销售员是在恐吓自己，这样很容易让客户排斥。

● **“哎呀，这是您的爱车呀，太酷了，这是路虎的最新款吧？您在哪家店买的呀？总价多少呀？有没有给您优惠呀……”**

保险销售员遇到性格开朗、比较健谈的客户，气氛往往会比较融洽，这是好事情，但是，保险销售员要注意控制话题，不要有了热情友好的交流氛围就信马由缰，没有目的没完没了地聊，这样不仅浪费自己的精力、浪费自己的时间，对促进签单也没有特别大的作用。

第 2 节

处理异议

情景 42：“我有社保，还要保险干吗”

很多人公司福利不错，公司为个人购买了医疗险、意外险、定期险、生育险等保险产品，他们总觉得公司既然已经给自己投了这么多保险产品，已经够自己用的了，没必要再买其他保险产品。

但是，社保保障的范围比较窄，保险额度有限，回报率相对比较低，没有身故价值，商业保险明显地补充了社保的不足。

情景解析

社保是能满足人们最基本的生活保障，但，这与商业保险产品并不是互斥的，而是互补的，商业保险产品给人们的保障更全、更细、更大，拥有社保并不能全面保障人们的高质量生活，所以，有了社保，再购买商业保险产品，才是一个全面而完善的保障计划。

帮您支招

做好前期工作，防患于未然。

客户是否购买社保，很大程度上影响到保险销售员对商业保险产品的推销，所以，保险销售员在给客户做保险计划之前，一定要做好前期工作，设法了解客户是否购买社保、保额、险种、保障范围等，这样，才有利于保险销售员处理异议，防患于未然。

应该这样说

● “李姐，公司给您购买社保，跟为您提供制服、员工宿舍是一样的道理，

除非您能一辈子都待在这家公司，否则，万一哪一天您离开这家公司，这些福利就都没有了……”

公司为客户购买社保不是一辈子的事情，除非客户能在一家公司待到退休，才能享受到全部福利，否则，很容易失去最基本的生活保障。保险销售员可以以此说服客户，让客户购买商业保险，享受永久的保障。

- **“张姐，公司如果有医疗险，金额也不会特别高，到时候您得到的保障也满足不了您的需求，如果除了公司社保，您能再多交一份社会保险，每个月您多存2000元，对您并没有多大的影响，但，这份投入可以让您飙升为百万身价，为您个人所有，您根本不用担心失业或者生活中的变化对您造成的影响，而且过五六年您还有一笔现金可以使用……”**

公司的社保金额一般不会太高，在24个月到48个月的薪资之间，如果因为失业或者转业，这些福利保险也会被公司停止，重新办理会增加很多麻烦和不必要的费用负担。

如果客户能够再交一份商业保险，除了公司给的保障之外，还可以有一份属于自己的保障，对客户来说，双重保障更有安全感。

不要这样说

- **“社保的保额太低，靠社保并不能保障您的生活质量，商业保险这方面却比社保有着优势，比如，医疗险和养老险，不仅能报销您大小病的费用，而且能保障能老年的生活质量……”**

尽管商业保险有着社保无法比拟的优势，但是，保险销售员也不要为了推销商业保险产品，就去贬低社保的保障作用或者其他保险产品的优势，盲目夸大商业保险的产品，只会让客户感觉到不真实、太夸张，客户会怀疑、不相信，或者对保险销售员的言语产生逆反心理，这对保险销售员的推销来说，有百害而无一利。

情景 43：“保险都是不可信的”

保险销售员推销保险产品是很容易被拒绝的，很多人之所以拒绝保险产品，是对未知领域的一种天然防御本能，而不是对保险销售员的排斥，是对保险产品的一种不信任。

事实上，保险是一种很好的金融产品，是理财中开源节流的节流部分，是理财中不可或缺的一部分。保险销售员可以给客户一个假设，假设买保险产品的人数为 9，每个人交出富余的 2 元钱。如果这 9 个人中，有一个人出现了意外，保险公司就把这 18 元钱给他，让他渡过难关，而不是买保险产品的人只能拿到自己的钱，或者拿不到钱。

情景解析

李嘉诚说：“别人都说我很富有，拥有很多的财富，其实真正属于我个人的财富是给自己和亲人买充足的保险！”在意外和风险没有降临的时候，人们往往抱着侥幸的心理，认为没有保险完全可以很好地生活，保险并没有那么重要，也许是骗人的事情。保险销售员要想办法打消客户的疑虑，帮助客户纠正对保险的偏见。

帮您支招

1. 给客户阐述保险公司的合法性。保险销售员要告诉客户，保险公司是经过严格的审核流程才成立的，它是受法律保护的，当然，也会承担它的义务和责任。客户不能因为对保险公司认知不足，而偏执地认为保险都是不可信的，这其实是对保险产品的一种误解，保险销售员要及时纠正客户的错误观念。

2. 清楚客户认知的来源。客户对保险产品的抵触情绪，有可能是受亲朋好友的影响，有可能是自身的遭遇，保险销售员要想办法探知客户是因为什么对保险产品产生怀疑，并对症下药，解答客户内心深处的疑惑，争取销售机会。

应该这样说

- “我可以很肯定地告诉你，保险产品绝对不是骗人的，否则，保险公司怎么会得到国家法律的保护呢？您的亲戚购买保险产品的时候，可能没有看

清楚保险条款的内容，所以，才产生了现在这种误会……"

保险销售员面对客户的质疑时，要以自信沉稳的语气直接反驳，消除客户的偏见，纠正客户道听途说的种种歪曲事实的说法，分析出客户产生误会的原因。

在这个过程中，保险销售员千万不要怕得罪客户而回避问题，因为这样会更容易让客户产生不必要的误解。

- **"张哥，我也是家里的经济支柱，平时也经常在外面约见客户，路途中也见过很多的车祸，每次看到心都会提到嗓子眼，害怕呀，紧张呀，怕自己万一遇到这样的意外，出了什么事，家里以后的生活没法继续呀，您也跟我一样有这样的想法吧？"**

遇到生老病死这类敏感的话题，客户一般都会不喜欢或者排斥，保险销售员想要客户理解并接受，最好采取委婉的方式，以第一人称来谈生老病死，表述这类话题的时候，少用"您""你们"，多用"我""我们"，这样不仅拉近保险销售员和客户之间的关系，还不容易触碰客户的负面情绪。

不要这样说

- **"张姐，您不要不相信保险，您爸妈一辈子没买保险是过得很好，那是您爸妈的福气，但是您可不一定有这样的福气和运气呀，您还是慎重考虑一下吧……"**

保险销售员说话的时候，不要那么直接、不加修饰，有些话题表达方式不对，很容易引起客户反感，甚至发生不必要的争吵，所以，保险销售员在推销保险产品的时候，一定要注意语言表达艺术，谨慎用语！

情景44："你们保险公司没有××保险公司好"

在与客户沟通的过程中，如果得知客户已经认为自己的保险公司没有其他保险公司好，或者决定选择其他保险公司的保险产品时，有些保险销售员常常会感到败局已定，已经无须再努力，其实不然，在客户真正付款之前，任何一个保险销售员的机会都是均等的。

即便是客户认为其他保险公司比较好，并且打算选择其他保险公司

的保险产品也没有关系，关键在于保险销售员用什么样的态度和应对措施去面对，只要保险销售员拿出正确的方法，就能“柳暗花明又一村”。

情景解析

客户告诉保险销售员，其他保险公司比较好，或者决定要购买其他保险公司的保险产品时，恰巧证明客户正在给保险销售员机会。这时，如果保险销售员放弃或是应对错误，就会很快失去客户；而如果保险销售员能拿出行之有效的办法来应对，就有可能扭转乾坤，获得意想不到的效果。

帮您支招

1. 不诋毁竞争对手。当客户认为其他保险公司比较好，或者准备购买其他公司的保险产品时，往往会有一些保险销售员为了留住客户而说一些诋毁其他保险公司的话。其实，保险销售员使用这种做法都是非常不明智的。保险销售员的真诚比任何东西都能赢得客户的关注，如果保险销售员总是试图用缺乏辨证的主观思想诋毁竞争对手，那么只能让客户离保险销售员越来越远。

2. 说出保险产品的亮点，吸引客户对保险产品的关注。客户认为其他保险公司比较好时，保险销售员吸引客户最有效的方法无疑是让客户加深对自己保险公司保险产品亮点的认识和理解。保险产品亮点指保险产品最显著的优质特征，以众多的优势来压倒劣势，从而使客户关注自己公司的保险产品。

应该这样说

“您想知道我们保险公司的利润为什么能在三个月内翻一番吗？”

好奇心可以帮助人们探索更多的奥秘，而在销售中，客户的好奇心也能有助于保险销售员一臂之力。客户认为别的保险公司比较好，或以考虑要购买其他保险公司的保险产品时，保险销售员可以制造一些悬念给客户，激起她的好奇心，以便延续与其沟通的时间，使其加深对保险产品的了解。当客户的胃口被吊起来之后，保险销售员就可借此机会说服客户，使其加深对保险产品的了解和认识。

“李姐，他们保险公司的数据看起来是比较高，那是因为他们预估时用了

较高数据的原因。我为您设计的保险计划，符合您的需求，更考虑您的长远目标，没有高估红利。但是，您对未来的收益绝对不会失望，您是稳赚的……”

保险销售员虽然不能诋毁其他的保险公司，但是，可以告诉客户实情，让客户了解到真相，保险公司的费率都是根据生命表计算出来的，依每个公司的费用率、死亡率、利率，算出险种和保费的，基本上每个公司的差别不是太大的。

不要这样说

- **“张姐，您说的是××保险公司吗？那款保险产品的数据明显是弄虚作假的，您千万不要相信，那是骗您的……”**

保险销售员最好不要诋毁客户认为好的保险公司，这不仅不会削弱客户购买其他保险产品的热情，反而会对保险销售员的人品产生怀疑，可以说是得不偿失。如何评价自己的竞争对手，直接折射出保险销售员的素质和职业操守，也在一定程度上决定着事业的成功与否。所以作为保险销售员最好不要将话题转移到竞争对手身上，如果非要谈论对手，也要从实际出发，客观公正地评价竞争对手，使客户了解到更多信息，并感受到保险销售员的真诚和素养，切不可隐瞒其优势，又夸大其缺点，更不可凭空捏造。

情景45：“你离职了怎么办，公司倒闭了怎么办”

在现实生活中，很多投保人在理赔、续保或者售后服务的时候，却找不到投保时的保险销售员，他们已经离职或者跳槽。所以，很多客户提出“你离职了怎么办，公司倒闭了怎么办？”的问题，也是在情理之中的。

但是，国内还没有保险公司倒闭的实例，而且国家是不允许保险公司破产的，客户多虑了。即使保险公司破产了，保监会也会接管，或者由其他保险公司接管。无论由谁接管，客户都持有自己的合法权益，都会得到维护。

情景解析

保险是一种长期性的契约，客户要分期或者一次性将保费存入保险公司，所得保障有可能是终身的，所以，客户对保险销售员的离职、公司的倒闭会特别关心，保险销售员可以简单介绍保险公司的风险防范措施，巧妙地转移话题，着重向客户讲解保障，这样更容易引导客户的思路。

帮您支招

1. 转移话题法。“你离职了怎么办，公司倒闭了怎么办？”这些疑问都是与客户自身利益相关性不大的问题，根本无关紧要，保险销售员可以将话题转移到与保险产品有关的关键问题上，提到客户的切身利益，这样既能避免客户的纠缠，又能节省时间提高效率。

2. 利用销售工具推进销售工作。保险销售员可以利用各种材料，调动客户的感官，有条不紊地说明重点，吸引客户的兴趣和注意力，客户自然而然地就不再去纠缠“你离职了怎么办，公司倒闭了怎么办”这样的问题。

应该这样说

- **“张姐，您看，这是9年前一位客户给我的留言……这是我签的第一笔大单的客户的留言……这9年，我相继签单568位客户，很多客户都成了我的好朋友，有些在最初的时候，也怕我离职，但是，现在他们不仅不担心这个问题，还愿意介绍新客户给我……”**

当客户提出“你离职了怎么办，公司倒闭了怎么办？”的疑问时，保险销售员不要用大话、空话、套话来敷衍客户，这样会更容易让客户产生怀疑，保险销售员要想办法拿出客户信任的证据，拿出证据，拿出诚意，才能说服客户。

- **“李姐，退一万步来说，如果公司不幸倒闭了，保监会会出面协助保险公司解决债务和财务问题，您不用担心您的保障和利益问题，但是，如果家庭的一家之主倒下了，谁能帮他解决家人面临的财务和生活问题呢？”**

面对客户的异议，保险销售员要强调保险合同的效力、公司的实力、出现问题后的解决办法，再表明自己的资历，消除客户的顾虑，提高自己和保险公司的可信度。

不要这样说

- **"周姐，您不用担心我是否离开公司这个问题，只要您投保，就算为了您，我也一定不会离职，我已经做好了长期为您服务的准备，您随叫随到……"**

当客户有异议时，有些保险销售员就会拍着胸脯保证，轻率地表决心，说一堆让客户不相信的话，无凭无据，客户怎么会相信你？

- **"李姐，您放心好了，这根本不是您需要考虑的问题，就算所有的公司都倒闭了，保险公司也不会倒闭的……"**

面对客户的异议的时候，保险销售员不要把话说满，没有余地会更容易让客户起疑心，客户更不敢投保了。

情景 46："体检核保太麻烦了"

中国人很少有体检的习惯，很多客户已经同意购买商业保险产品了，听说有体检核保，就不乐意了。他们认为体检核保太麻烦了，万一再查出来有个什么病，会有更大的心理负担。

保险销售员可以从"身体健康是一件大事情"这个理念出发，体检是必要的，不要一时疏忽，认为不用去医院，小毛病过段时间就会自愈，事实上，很多大病都是小毛病日积月累的结果，到时候再花更多的时间、精力、财力去补救和治疗，才是真正的麻烦。

情景解析

很多客户生活中为了省钱，不管大病小病都是自己去药房买药吃，对体检有着莫名的排斥，往往小病转移成了大病后，后悔莫及。事实上，养成定期体检的习惯，才能防患于未然。

保险销售员要在说服客户的基础上，主动帮客户预约免费体检，让客户及时详细地了解自己的身体状况，及时发现身体的潜在病患，早发现早治疗。

帮您支招

1. 列举相关的事实。保险销售员可以用身边老客户的例子说服客户，消除客户的异议，但是，在没有获得老客户允许的情况下，不要随意透露客户的投保信息和隐私。

2. 用形象的比喻说服客户。面对客户的异议时，保险销售员最好不要一板一眼地解答客户的问题，有时候，中规中矩的解答会让客户听得一头雾水，保险销售员可以用形象的比喻来阐述，这样，更容易让客户理解，更容易让客户接受。

应该这样说

- **“张姐，一部机器用了三四十年，也会出很多毛病，如果不用心维修，也会出很多状况，何况脆弱的生命呢？定期体检，并不是一件坏事情，况且还不需要您提供体检费用，只是占用您一点时间而已……”**

面对客户的异议时，保险销售员可以多方面、全角度地介绍定期体检的益处，况且保险公司提供免费体检，对客户来说，本来就是一件好事，体检后再买保险，清楚自己身体的状况，万一日后有什么变故，保险公司会承担全部责任。

- **“李姐，如果您有熟悉的医院，我们公司允许您在最方便的时间和地点再检验，如果有其他问题，我可以跟公司再做进一步协调……”**

面对客户的异议时，保险销售员可以根据实际情况，将条件降低，迎合客户的需求，给客户提供最大的方便，这样，客户才会感受到保险销售员是在为自己考虑，关系就会在不知不觉中亲密起来。

不要这样说

- **“您如果不体检，就交双倍的保费；要么您接受体检，核保后，我才能帮您办理投保手续……”**

有些保险销售员在面对客户异议的时候，态度特别强硬，不给客户留任何的余地，这样，很容易引起客户的反感：有这么多家保险公司，客户非要选这个保险销售员或者这个保险销售员所在的公司吗？

- **“李姐，您不体检，我们怎么知道您是不是因为某些疾病来骗保的呢？”**

有些保险销售员在面对客户异议的时候，特别不注意自己的言辞，随意说出伤害客户感情的话，让客户失去对保险销售员的好感，所以，保险销售员最好不要用这样的观念去想客户，更不要把这些观点强加在客户的身上。

情景 47：沟通时，不要忽略其他陪同者

结伴消费是十分常见的一种消费方式，人们结伴消费时，保险销售员要面对客户及陪同者，特别是有很多陪同者的时候，他们的意见多种多样，直接影响着客户的决断，给我们推销保险产品工作带来了一定的难度。

有的时候，客户对保险产品很满意，但因为陪同者的一句话就给予否定，从而放弃购买。而保险销售员在处理这类问题的时候，往往会与反对者正面交锋，强调保险产品的优势，同时紧逼客户，这样不仅不能让客户签单，还会弄得大家不欢而散。

其实，这些反对者既可以成为我们成功销售的绊脚石，也能成为我们的朋友，助我们一臂之力。关键就在于要认清各种关系，并正确应对这些关系，借其他人的意见和影响力来达到推销保险产品的目的。

情景解析

人是群居动物，购买保险产品时有陪同者，是情理之中的事情。由于每个人的个性特征、兴趣爱好等方面都有很大的差异，所以，在购买保险产品的时候，总会有不同的意见。我们的客户可能因为陪同者不同的意见而放弃购买，当然也会因其他人的意见而决定购买。所以，我们要巧妙地处理这些消极的意见，并恰当地利用那些积极的意见，使推销保险产品工作顺利进行。

帮您支招

1. 将 70% 的精力放在客户身上。在客户有陪同者的情况下，保险销售员如果仍将全部精力都放在客户身上就不合适了。因为此时保险销售员要面对的客户不止一名，客户的所有陪同者也是，他们在一定程度上影响客户是否购买

保险产品。

保险销售员如果与客户陪同者处理不好关系，很可能导致销售失败。所以，保险销售员不仅要注重客户的意见和感受，还要同时兼顾陪同者。保险销售员要将70%的精力放在客户身上，剩下的30%需要放在陪同者身上，这样才能做到两全其美。

2. 真诚地为客户提供服务，多征询对方的意见。陪同者也是从客户的立场来提出意见的，保险销售员只要本着为客户服务的心理，才会使陪同者信服，并赞同客户购买保险产品。

3. 适时征求陪同者的意见。可以在一些次要的问题上征求陪同者的意见，陪同者的积极意见也可以用来强化客户的态度。

应该这样说

- **“李先生，欢迎您陪同您太太过来，很高兴认识您，您可以提出您比较关心的要求，我虚心接受您宝贵的意见……”**

在购买保险产品的时候，客户虽然是保险产品的需求者，但并不一定拥有最终的决策权，很有可能身边的陪同者才是真正的决策人，在介绍保险产品前，保险销售员要想办法弄清楚陪同者的想法，然后，根据实际情况总结出最能满足客户与决策者的保险产品，再做进一步的推荐和介绍。

- **“周姐，我知道您有一个幸福的家庭，所以，今天我想给您推荐一份家庭保障计划。王先生，您觉得这个想法没有错吧？”**

在沟通时，保险销售员可以将客户的陪同者争取为自己的朋友，并本着为客户优选的共同目的，达成一致的意见。

不要这样说

- **“您如果没有什么事的话，可以坐在那边沙发上看杂志……”**

有些保险销售员认为购买保险产品的人是客户，只要客户满意就能成交，于是在工作中只注重引导客户，而将客户陪同者晾在一边，其实这是十分不正确的。因为在很多时候，客户是否购买保险产品会或多或少地影响陪同者的意见，改变自己最初的购买观点。而且作为“第二客户”的陪同者如果始终受到冷落，也会对保险销售员及保险产品产生偏见，从而影响客户。所以，在工作中，我们不仅要照顾到客户，还要兼顾到其陪同者，适当征询陪同者的意见，制造良好的销售氛围。

情景 48：虽然你努力讲解，但客户并不表态

在销售保险产品的过程中，销售员常常会遇到这样的情况：自己满腔热情地为客户讲解，客户却只是默默地听着，没有任何提问或者其他的回应，从表情和动作上也看不出来是赞同还是否认。遇到这种情况时，保险销售员常常感到无所适从，甚至有些尴尬，因为无法了解客户的想法，一味地唱“独角戏”，场面很快就冷下来，最终只能以客户的“考虑考虑”收场。

其实，这里销售员犯了一个错误：无的放矢。这种毫无目标的讲解与介绍很多时候就是自己在夸夸其谈，客户不会理会，更不会欣赏。所以，销售员要明白，为客户介绍保险时，一定要设法引导客户开口说话，说出其所想、所好、所需，这样才能真正了解客户需求。

情景解析

出现这种情况大多伴随着客户的一些微动作与微表情，保险销售员如果读懂了这些，就会了解客户的真实想法，通过这些想法再有针对性地寻找解决办法。所以客户不表态其实也是一种态度，就看你是否能读懂。

那么，出现这种情况时，客户的微动作与微表情都有哪些呢？

1. 目光看别处，只是偶尔与你对视。

2. 微笑，但只是很礼貌性地浅浅一笑。

3. 若无其事地玩着自己的手或者手里的小东西。

原因不外乎以下两个方面。

1. 对保险不感兴趣，但又不好意思直接拒绝，所以任凭保险销售员热火朝天地介绍，自己也不回应。

2. 对你不信任或者不认可，故意制造冷场，想让你知难而退，停止介绍。

帮您支招

1. 停止介绍。客户一旦沉默不语，通常会使得很多保险销售员束手无策，他们面对客户毫无表情的脸不知道如何提问，只好硬着头皮继续介绍产品，其实这种做法是大错特错的。客户越是沉默不语，销售员越要想办法让客户开口，这样才能了解客户的想法，哪怕客户的想法是不真实的。

2. 巧妙提问。当保险销售员热情地为客户介绍产品，客户却沉默不语时，首先想到的就是通过提问来获知客户的需求和想法，但是提问也要有技巧。你热情地为客户介绍产品，客户一直不回应一定是有原因的，所以此时就需要在提问之前略加思考，对客户巧妙提问。

应该这样说

- **"陈先生，现在保险已经被越来越多的人认可，想必您对商业保险的一些品种也有所了解吧？"**

这是一个连环提问，也是打破尴尬局面很好的问题，无论客户回答是或不是，你都可以再次进行提问。

客户回答了解，你可以继续问："那您购买过商业保险吗？"

客户回答不了解，你可以提议："其实您可以考虑一下，现在这个产品特别合适，昨天有两个朋友刚刚买过。"

- **"陈先生，我看您一直在认真思考，不知道您对我刚才介绍的新险种有什么特别的想法和意见，可以告诉我吗？"**

态度谦和，看到客户没有回应，不再夸夸其谈地介绍，而是询问客户的意见，让其感觉受到尊重。

- **"陈先生，刚才我介绍的是我们新推出来的险种，不知道您以前是否买过商业保险？"**

这个提问可以探知客户以前的购买情况，进而了解客户对保险的态度和认知。

不要这样说

- **“陈先生，我们这个险种真的非常不错，除了我刚才介绍的那些优点，其实它还……”**

再继续介绍，客户可能就会赶你出门。

- **“陈先生，您觉得我们新推出的这个险种怎么样呢？”**

提问太过生硬，这样没有针对性，甚至唐突的提问，换回来的很可能也是客户生硬的回答：“不怎么样！”

情景 49：客户不了解保险，完全由你推荐

很多人对保险产品不了解，对自己的需求也处于模糊的状态，他们也不了解保险产品会给自己带来哪些好处，更不知道购买哪些保险产品比较适合自己，完全将这些任务交给保险销售员，让保险销售员给自己推荐。

情景解析

客户不了解保险产品，也不知道自己的需求，保险销售员可以用心倾听客户的烦恼，根据客户的行为、价值取向、生活现状，去综合判断客户的需求，然后，在这个基础上向客户推荐适合客户的保险产品，客户才会乐于接受。

帮您支招

1. 传授客户专业保险产品知识。保险销售员可以简单地向客户传授一些保险产品知识，让客户了解保险真正的价值，帮客户理清哪些是适合客户本人的，让客户在内心深处接受保险销售员的推荐。

2. 对客户要先礼貌地问候。客户刚进入公司，保险销售员可以礼貌地问候，切忌直接推销保险产品。另外，可以从客户的性别、年龄、衣着风格等方面来推测客户的性格特点和兴趣爱好、需求，具有针对性地给客户介绍保险产品。

3. 不要过于热情。保险销售员急切的心态，常常会使自己主动热情地接近

客户，会表现得过于热情，客户对于保险销售员的这种急切的态度往往十分排斥，即使他们确实需要保险产品，也会因保险销售员不恰当的接待方式而产生厌烦的情绪，因此，保险销售员要把握住恰当接近客户的时机。

应该这样说

- **“是的，张姐，您说得很对，没有人会把自己全部的家当都拿出来做投资，人生总会碰到意外，所以，要适当购买一些保险产品来防范资金危机……”**

客户虽然不了解保险产品，但是，对生活的认识在本质上也有着相同的方面，保险销售员要认同客户的感受，可以使客户心理上最大限度地得到慰藉，也会消除客户对保险产品的排斥和反感情绪。

- **“如果有一种方式强制您每天必须存10元，一直存15年，每年都有利息和分红，期满后本金和利息都会还给您，您还会享受一份20年的人身意外保障，您觉得这个计划怎么样呢？”**

由于客户不了解保险产品，保险销售员更要耐心指导客户合理安排保险产品的配置，这样，不仅能让客户更了解保险产品，更能加强彼此的感情沟通，从而提高成交率。

不要这样说

- **“您让我给您介绍了这么多的保险产品，又不购买，您穷就不要想着购买保险产品，不要麻烦别人了……”**

因为客户不了解保险产品，很多保险销售员为了完成签单任务就苦口婆心地向客户一遍一遍地介绍保险产品，有些客户虽然认真听，最后却没有购买保险产品，保险销售员就容易有消极的情绪和想法，这样很容易跟客户发生争执，得不偿失。

- **“是的，李姐，这份保险产品确实没有考虑到您孩子的保障，但是，您可以购买子女教育险……”**

很多客户不了解保险产品，在保险销售员介绍的时候，有可能会挑剔不已，面对这些，保险销售员要从容不迫、语气平和，毕竟客户不懂保险产品，情有可原，另外，保险销售员要对公司的保险产品保持自信，对价格保持自信，让客户信服自己，从而完成签单任务。

情景50：“投保容易理赔难，我才不买呢”

很多客户受周围亲戚、朋友理赔难的影响，对保险产品存在着一定程度的偏见，碰到推销保险产品的保险销售员一概排斥。如何引导客户，消除异议，让客户对保险公司的理赔有信心，是每一个保险销售员的责任。

情景解析

保险公司给客户留下“投保容易理赔难”的印象，是由多种原因造成的。比如，有些保险销售员为了完成业绩，故意夸大保险的作用和保障范围，保险公司为了获得更大的利润在核保时放宽要求，投保人对保险条款没有深入了解等，保险销售员要先了解造成客户“投保容易理赔难”心理的原因，然后，有针对性地采取相应的措施，引导客户消除异议，促使客户签单。

帮您支招

1. 承认错误。保险销售员没必要对现实生活中存在的“投保容易理赔难”的各种问题进行隐瞒、辩解或者否认，这样，有可能会完全失去客户的信任。相反，客户提出“投保容易理赔难”的问题时，保险销售员要先承认错误，承认客观事实，给客户留下讲诚信的好印象，获得客户的好感和信任。

2. 耐心讲解。保险销售员要耐心讲解投保的流程及保险合同条款，让客户认真阅读每一条合同条款，要求客户认真履行相关条款，明确客户的利益，站在客观的角度分析问题，让客户理性地认识到问题的症结所在，消除客户的异议。

应该这样说

- “张姐，您说的也不是没有道理，确实很多人都会说‘投保容易理赔难’，但这多是投保时留下的隐患，客户没有向保险销售员咨询清楚合同条款，有的客户对法律契约签署缺少认识，不过，我会给您详尽地介绍这款保险

产品的所有合同条款，您可以听从自己内心的决定，而不是一味相信别人的观点……”

保险销售员一旦发现客户对保险公司的理赔存在偏见，就要主动引导客户树立正确的保险观念，客观看待理赔中的各种要求，让客户明白只要投保不违规，备齐理赔材料，就可以享受理赔服务。

- **“遇到这么倒霉的事情，真的很让人伤心，但是，您不用担心费用的问题，我们公司会理赔的……”**

很多时候，客户发生意外事故要求理赔的时候，因为过于伤心而心情沮丧，保险销售员要注重安抚客户的情绪，缓和客户不愉快的心情，这样，客户才能理性公正地看待理赔事宜。

不要这样说

- **“客户也不能不讲道理吧……”**

当客户阐述投保容易理赔难的时候，有可能说出难听、刺耳的话，保险销售员不要因此着急上火，大发脾气，发现自己情绪快要失控的时候，保险销售员可以试着减慢语速，说话力度轻一点，不要让客户看到你情绪失控的样子。

情景51：“还完房贷再说吧，现在条件不允许”

客户对保险产品表示满意，但是声称自己没有钱，资金紧张，还有房贷没有还，这样的情况，也是很多保险销售员曾经遇到过的。客户做出这样的表示，原因也有很多种。也许客户只是以此为借口，并不想真的要购买保险产品，也有可能客户为了得到更多的优惠，故意说还完房贷再说。总之，如果遇到这种情况，保险销售员切不可一概而论，而是要针对不同的原因，采取适当的办法加以处理。

情景解析

保险销售员不分情况地催促客户购买保险产品，是很难实现成交的，太过于直接地向客户询问，也不合适，如果直接放弃，那自然更不可取。

帮您支招

1. 帮助客户解决“没钱”的问题。钱变不出来可以凑出来，只要客户想买保险产品，即便是钱不够也没关系。所以，如果保险销售员确定客户真的喜欢某款保险产品，而客户又没有足够的钱来购买，那么保险就可以向客户提一些还款方案，替客户出一些主意。例如，保险销售员可以建议客户先找朋友凑一下，或是使用分期付款、贷款、延期付款、赊销等。这样既能解决客户“没钱”的问题，也会让客户觉得保险销售员是实实在在地为自己着想，从而对保险销售员增加好感。

不过，需要注意的是，有些客户可能真的没有还完房贷，很难拿出资金来购买保险产品，那么保险销售员最好不要再想方设法要求客户购买保险产品。虽然没有做成生意，但是客户已经记住了保险销售员和保险销售员的产品，也许在客户资金充足时，会首先想起你，你的所有努力都不会白费。所以，即使客户说还完房贷再说吧，保险销售员千万不能收起笑脸立马走人，否则，就会失去这个潜在客户。

2. 使用攻心法。除了利用利益引诱，动用情感因素也是一个可以让保险产品获得客户倾心的好方法。如果购买或使用保险产品可以给自己或自己的亲朋好友带来快乐和好处，或者能让自己的上司对自己另眼相看，那么在客户眼中，保险产品就带上了浓重的感情色彩，保险客户就会对产品更加喜爱。所以，在必要时，保险销售员可以用这种“煽情”的方式来增加客户对保险产品的关注度。

3. 找到客户资金充裕的迹象。如果断定客户说需要还房贷是一种借口，那么，保险销售员就可以好好运用自己的观察能力，从客户身上或是周围环境中找到可以证明客户资金充裕的信息。比如，保险销售员可以称赞客户的戒指精美，然后再借机问他戒指的价格，如果他很骄傲地表示戒指很贵，那就再好不过了，这恰恰证明客户并非缺钱。接着保险销售员就可以称赞客户的品位，然后将产品与此相联系，那么客户就会因为自尊心的存在而很快做出购买保险产品的决定。

应该这样说

● **“您给我的第一印象非常好，想必您一定很少令人失望。那么，请您在这张保险单子上填上您的名字吧！”**

如果一个人被别人评价有更高的能力，更聪明的头脑，或是更美的容貌时，那么他往往不会令别人失望，而且别人越是这样说，他越是会兑现别人的话，即便他真的没有那个能力，他也会朝着那个方向努力。这是人们的一种普遍心理。

同样，在销售关系中也是如此，如果保险销售员一直表现出对客户的购买能力很信任。当保险销售员这样给予客户很高的信任时，客户往往真的不会令保险销售员失望。但是需要注意的是，这种方法不适用于那些把没钱当借口的客户。

● **“张总，我知道还房贷对一个家庭来讲非常重要，但是这个事情也要灵活处理，对吗？我们的保险产品，能够给您保障的同时为您带来回报，这是其他产品所不能比的呀！”**

保险销售员在面对客户借口说条件不允许时，可以使用前瞻法。客户购买保险产品总会同利益挂钩，如果某个保险产品能够使客户获得期待中的或是高额的利益，那么客户一定不愿放过这个保险产品，即便是客户真的没有足够的资金，也会被这样的诱惑所吸引。所以，保险销售员要尽可能地将保险产品能够给客户带来的利益讲给客户听，并强调和其他保险产品相比，该款保险产品在获得利益上有什么明显的优势，催促客户做出预算，客户一般都会难以招架。

不要这样说

● **“张姐，您的房贷每月多少钱？这份保单的保费一点也不贵，真没多少钱。”**

有些保险销售员语言表达容易让客户误解，客户听到的潜台词是在说客户穷，没有钱，保险销售员看不起他，这样，只会让保险销售员失去潜在客户，把客户越推越远。

情景 52：“生病不怕，有子女呢”

“养儿防老”是中国人的传统观点，无论什么事情，特别是生病这件事，都想着靠自己的子女，保险销售员推销保险产品的时候，很多客户一脸轻视，以为多此一举，生病找自己的子女就好了，没必要买保险产品。

情景解析

随着社会的快速发展，年轻人对生活高质量的追求，生活成本越来越大，压力也越来越大，保险产品可以减轻孩子赡养父母的压力，如果爱子心切，最好购买保险产品，让孩子过得轻松一点，这样更能让客户认同和理解。

帮您支招

1. 不要激怒客户。在传统观念里，父母生病，子女尽孝，这是天经地义的事情。如果保险销售员一味强调“孩子长大了不一定管父母”“养儿防老不可靠”，这样很容易激怒客户，尽管社会中有些现实情况是这样，客户心理上也不会承认，相反，客户会觉得保险销售员价值观和道德观存在问题。

2. 借力“家和万事兴”“父慈子孝”传统文化。保险销售员在向客户推销保险产品的时候，多宣扬“家和万事兴”“父慈子孝”传统文化，加深客户家庭成员之间的感情，用家庭成员为彼此爱的付出来拴住客户，让客户乐意接受保险销售员的观念。

应该这样说

- “是啊，李姐，买一份保险产品，就相当于您又养了一个‘儿子’，您也多了一份保障，当您年老生病的时候，虽然不能亲自伺候在身旁，但会给您一笔养老费呀，您可以自由地支配这些钱，还可以减轻孩子的负担，让他们轻松地生活，这既是您对自己的保障，也是对孩子的体贴和照顾，您说呢……”

保险销售员可以顺着客户的思维和观念，将保险产品比喻成子女，分担其他子女的负担，让客户得到相应的价值和利益，很可能就会打动客户，顺利签单。

● “李姐呀，我们辛苦了一辈子，是不是希望有一个舒适幸福的晚年呀？这点要求真的一点都不过分呀！我们现在要为未来考虑一点吧？等到有一天，我们老了，行动不便了，不能赚钱了，一元钱都要掰成两半花，如果疾病缠身，就更惨了，哪有钱上医院？哪有钱请护工？这样的生活真的让人难以忍受！如果我们买了保险产品，就不一样啦……”

保险销售员可以用“晚年生活有保障”来说服客户购买保险产品，一一分析客户老年的经济来源和必需的生活支出，渲染缺乏保障的晚年生活的凄凉，与客户期待中的晚年生活形成巨大的落差，这种差距越大，客户越有购买保险产品的冲动，这比挑拨客户与子女之间的关系强多了。

不要这样说

● “张姐，都说养儿防老、养儿防老，但，您看现在，‘久病床前’有几个孝子呢？孩子长大了，有了家庭，有了自己的妻儿，就没有太多的精力和资金花费在您身上了，您还不如自己买一份保险产品呢……”

保险销售员不了解客户的家庭情况，不要拿别人的个例来试图说服客户，伤害客户最亲的人，就是在伤害客户自己，客户听了这些话心里也不是滋味，更别提购买保险产品了。

情景 53：“我身体健康，不需要买保险”

保险销售员在向客户推销保险产品的时候，有些客户总会说：“我身体健康，不需要买保险！”“我们家族体质好、长寿，不需要买保险！”“健康保险保费又不退，我这么久没有生病，保费都浪费了，挺可惜的！”……客户总有很多想当然的理由拒绝保险销售员的推销。

情景解析

不少客户仗着自己身体体质好、没病没痛，只想存钱购房买车，让自己的生活质量提高一点，却忽视了“生病”这场意外灾难，一旦生了病，什么都可以省，但是医疗费不可以省，况且现如今日益高涨的医疗费用很少有人能吃得消。

保险销售员可以告诉客户，人算不如天算，人这一辈子可能有很多意外发生，一旦生病，后期疗养费就是个无底洞，而基本的医疗保障只能是一个基本的保障，超出的部分还要通过商业保险解决。

帮您支招

1. 告诉客户真相。保险销售员遇到舍不得为自己投资健康保障的客户，要及时告诉客户真相，一旦家庭成员有一人生病，60% 的家庭会因为这个家庭成员的疾病，变卖家产，甚至借款来帮这个成员支付欠医院的医疗费，也许当事人已经昏迷不醒、浑然不知，但是，为难的却是自己的亲人。

2. 未雨绸缪。保险销售员遇到舍不得为自己投资健康保障的客户，要及时提醒客户未雨绸缪、早做打算，无论是为了自己还是家人，都必须及早地为可能发生的疾病灾难储备医疗基金，购买医疗保险，这样，加入保险的百万人、千万人、亿万人分摊保费，就可以保证客户全家优越的生活质量。

应该这样说

- **“张姐，我不得不告诉您一个事实，中国每年的癌症发病率以 6% 的速度上升，每年都有我们想不到的人数死于癌症，无论男性还是女性，即使是儿童，每天都有成千上万个家庭因癌症而破碎……”**

遇到客户说“自己身体健康，不需要买保险”时，保险销售员可以从外因的角度出发给客户耐心讲解生病的可能性，我们所不能控制的外在原因，饮水、空气、化学食品、农药食物、速成肉品，日积月累，身体难免不被污染，另外还有很多我们所不知道的污染正在伤害着我们，还有其他意想不到的疫情，等，客户有了更多、更好的认知，主动购买保险产品的概率就高了。

- **“李姐，现如今医疗技术发展突飞猛进，各种微创手术也在进步，健康险也并不是一次就可以买足的，对吗？健康险的种类也在不断地增加，比如，手术险、癌症险、看护险、保额先支付、重大疾病保险等，您需要一步步买齐……”**

保险销售员在推销健康险的时候，要及时提示客户不同的人生阶段、不同时期，加买健康险品种是势在必行的行为，大部分家庭成员还是需要健康险来维护家庭安全和幸福的。

不要这样说

- “李姐，您想想，如果您生病了，您自己不受罪吗？儿女不受累吗？您有足够的钱去医院吗……”

虽然说人吃五谷杂粮，血肉之躯，会老会衰，会病会死，但是很多客户还是在心理上对这类事情有一定的抵触情绪，保险销售员在推销保险产品的时候，不要假设客户生病了，这是客户很忌讳的事情……

保险销售员要换一种方式告诉客户，没有人想生病，但是无人能躲得了病魔的疼痛折磨，不要怕生病，怕生病恰恰是因为钱不够用，提前买好医疗保险，提早储备医疗费。

情景 54：“我已经很有钱，不需要买保险”

很多有钱人总认为，自己家财万贯，就不需要买保险了，自己有足够的钱可以治疗任何病，其实，这种想法大错特错，购买保险不仅能使自己的资产保值，还可以用保险赚钱，要不然，怎么有那么多人把大量资本投入到保险产品中呢？

情景解析

很多有钱人在风光的时候，往往看不起保险产品，认为自己人生中没有“万一”，或者即使有“万一”，也会觉得自己有足够的钱处理这些“万一”。不屑买保险产品的他们往往会把钱投资在其他的地方，他们往往忽视了生活中、事业中的种种“万一”，一个连锁的伤害，就会造成溃败。

他们只有在生病四处拜访名医的时候，支出如流水般迅速增长的时候，他们才想到了保险，这个时候，却已经晚了……

帮您支招

1. 告诉客户，客户的钱需要有安全保障。当客户说自己有那么多钱，任何病都可以医疗的时候，保险销售员可以告诉客户：“您这么有钱可以不买保险，但是，您的钱需要购买保险，这样，用保险管理钱，钱才是您的，而且会越用越多，百年之后，子女还可以按我们的要求管理财富”。

2. 用实例说服客户。有钱人一般都是有强烈使命感、责任心、奋斗精神的精英，他们往往因为竞争的激烈，花更多的时间、更多的精力、更多的心血来承担企业或事业的发展及责任，忽视了自己的身心健康，很容易生病甚至因此而去世，更需要保险产品带来的保障。保险销售员可以用现实的事例告诉客户购买保险的重要性，给客户一次警世教育。比如，浙江商界巨子王 ×× 英年早逝，他的妻子携 19 亿元巨款嫁给司机，司机感慨："之前，我以为自己在为老板打工，现在才明白，是老板一直在为我打工。"

应该这样说

- **"张总，您的钱永远是您的，但是，您不考虑增加这些财富的价值吗？您在健康的时候，您可以做资产配置，一部分配置在足够保护财产的保险上，用利息维护本金，效益肯定会好很多……"**

有钱人更喜欢钱，保险销售员如果告诉客户购买保险可以让他的财富增值，客户肯定会有兴趣听保险销售员的保险计划，交给客户用保险赚钱，就是变相让客户购买保险，双方都收益，何乐而不为？

- **"李总，您不用担心解约的问题，如果在预定时间内您没有发生重大事故，需要解约，您会拿回更多的钱；如果您选择终身保障，您购买的保险产品自然可以继续保持财产的税金准备。有事保产，无事增产，您不觉得这个资产配置很划算吗？"**

保险销售员一定要及时消除客户的疑虑，不让客户担心解约问题，更不用担心购买保险产品的益处，让客户知道购买保险产品，没有任何的损失。

不要这样说

- **"张姐，这么好的事情，您就不用考虑了吧，您现在就做决定吧！要不然，哪对得起我费心为您讲解这么长时间吗？"**

即使购买商业保险对客户只有好处没有坏处，保险销售员也不要咄咄逼人，逼着客户做决定，这只会吓跑客户，相反，保险销售员要学会给客户预留下决心的空间和时间，让客户考虑自己是否购买保险产品，这样客户才会有安全感。

情景 55：“我的钱都在股市里”

很多人喜欢把钱投在股市里，盼望着一夜暴富，成为有钱的土豪，生活无忧。但是，任何事情都有风险，股市也不例外，股票也有骤然下跌的时候，也会让有钱人一夜输得精光，保险销售员面对客户把所有的积蓄都存在股市里的行为，要提醒客户认识到股票的风险性、保险的安全保障，选择理性的投资理财观。

情景解析

很多人对股市的风险性和保险的保障功能有着不全面的认识，只是单纯地看到股市的收益，而忽略了股票的风险，对保险有着莫名的排斥，保险销售员想要打消客户对保险的排斥，就要多角度地说服客户。

帮您支招

1. 以退为进法。面对“把钱都投在股市”的客户，保险销售员可以赞同客户的看法和观点，缓和紧张气氛，赢得客户的好感后，再想办法阐述自己的观点，这样，客户就会接受保险销售员的观点。

2. 先后顺序法。面对“把钱都投在股市”的客户，保险销售员要告诉客户，买保险和买股票应该是有一个先后顺序的，保险可以保障客户的健康、生活消费、养老，这些都是基本的保障，如果不先买保险保证这些基本的保障，买再多的股票也不会踏实，也不会幸福。

应该这样说

- “把钱放在股市，可能会得到很高的收益，但是，它买不到踏实、买不到安宁，您还要提心吊胆地生活，时刻关注股市的行情，降低您的生活质量。如果您能从中抽出一部分钱购买保险产品，将风险转嫁给保险公司，这样您的生活会更舒心……”

面对“把钱都投在股市”的客户，保险销售员要清楚地告诉客户购买股票和购买保险产品的目的，把钱投在股市，是为了赚钱，可以获得一部分股份；购买保险产品是为了买保障，可以获得日后的经济保障，可以获得安心；没有股票，只是少了一部分股份；没有保险产品，却失去了基本生活的保障……让客户明白了股票和保险产品的目的性，客户就很容易做出选择，很有可能会把一部分钱抽出来购买保险产品。

- **“李姐，如果您用15万元炒股和用14.5万元炒股，有什么不一样吗？购买保险产品只用一点炒股资金，但可以抵御很大的风险，可以为家庭提供安全保障，互不影响，又相辅相成，您为什么不试试这种组合的投资模式呢？”**

面对“把钱都投在股市”的客户，保险销售员要提醒客户善于理财，不要把全部的鸡蛋都放在一个篮子里，投资有风险，把钱一部分放在股市，一部分放在保险公司，是分散风险的好办法，客户购买了保险产品有了基本的生活保障，做股票投资会更安心。

不要这样说

- **“买保险产品绝对是不会赔的，您现在看着股票赚钱，但是，您暂时还没有遇到大跌的时候，万一哪天您遇到股市大跌，您连哭的地方都没有，世上没有‘常胜将军’，不要等到股票大跌的时候后悔不已……”**

面对“把钱都投在股市”的客户，喋喋不休地说出自己股市心得，并洋洋得意，有些保险销售员就着急了，言语唐突，触犯客户的底线，这样很容易激怒客户，甚至发生争吵，签单就更不可能了。

- **“王姐，不对，您这么说没有道理的，根本不像您说的这样，您的思想太保守了……”**

面对“把钱都投在股市”的客户，有些保险销售员用“一根筋”的思路，抢先把炒股的风险给客户挑明，把股票贬得一文不值、一无是处，这样，不仅说服不了客户，还可能会惹恼客户，让客户厌恶保险销售员。

情景 56：“一切都是命，买保险有什么用”

很多人相信命运，不管生老，还是病死，生活中各种转折都归结为命运掌控，如果出现各种意外，发生在自己身上的各种灾难，都以为是命运捉弄，自己却无能为力，这些人往往认为买保险根本一点用都没有。

情景解析

有“一切都是命，买保险有什么用”这种想法的客户，多是心理消极的人。他们常常以为生活可以有很多假如，可以有很多困难，可以有很多不公平、不平等……他们忽视了自己的积极努力，忽视了自己的乐观主动，甚至破罐子破摔，遇到这样的客户，对保险销售员来说，无疑是一个很大的难题。

帮您支招

1. 信神灵也要信保险。凡夫俗子免不了生老病死，不要太依赖命运，不要太依赖上天，如果每个人都依赖上天，上天势必分身乏术；神灵对人类的病痛也难以处理，多是心理慰藉，如果信神灵的同时信保险，照顾人类的病痛、生老病死，就会获得更多的保障。

2. 尊重游戏规则。面对危机，求生无门，求死不能，就要尊重游戏规则，购买保险产品，保险不仅是钱，更是一种可靠的机制，它能帮助每个人把钱变多，变成每个人最需要的东西，成为每个人的好朋友，不要因为有了保险的外衣，钱就不是钱了。

应该这样说

- “张姐，如果您知道某一天您会动用 100 万元的医疗费，您是把这 100 万元存在银行里，任何人不能动用；还是每年存入银行 5 万元，20 年期间绝对不能有其他事情，即使有事情也不能动用它；还是找个机构，写个保证书，一年付 2.5 万元，生病时最高可以获得 100 万元夺得医疗补助金……”

面对“一切都是命，买保险有什么用”的客户，保险销售员可以用实际情况来说明保险的重要性，让客户及早认同保险，及早拥有保险产品，告诉客户，保险产品只是先分期付一笔钱，等客户用的时候，保证客户可以得到一大笔补助金。

- **“张姐，您知道文学家胡适吧？他曾说过：‘保险的意义，只是今天做明日的准备，生时做死时的准备，父母做儿女的准备，儿女幼小时做儿女长大时的准备，如此而已！’”**

面对“一切都是命，买保险有什么用”的客户，保险销售员要注重提高这些客户生活的积极性，多套用一些伟人的名言，比如，胡适、比尔·盖茨等，让客户明白保险不可能改变现在，但是，可以预防将来被改变，为将来做准备，让生活更美好。

不要这样说

- **“李姐，您这样认为，我也没办法，如果您改变想法，您可以再打电话给我……”**

面对“一切都是命，买保险有什么用”的客户，有些保险销售员会认为那些消极的旧观念已经在客户的内心深处根深蒂固，不容易改变和纠正，就会消极应对，放弃这样的客户，这样是不对的。

- **“张姐，您放心吧，我们公司保险产品都是优于其他保险公司的，您肯定会得到更周全的保障……”**

面对“一切都是命，买保险有什么用”的客户，有些保险销售员对他们进行了一系列的说服和鼓励，客户思想稍有改变，稍有犹豫，就以为客户已经心服口服了，就纠缠客户签单，缠着客户不放，这很容易让客户再次产生警惕心理，以为保险销售员在诱骗自己，也就更不可能跟保险销售员签单了。

情景57：“我和家里人商量一下”

客户对保险产品表示很满意，但还是说要和家人再商量一下，客户做出这种表示，基本上有两种可能，一种是客户真的拿不定主意，想和家里人再商量一下；另一种是说要与家人商量只是一个借口，客户出于某种原因不太想购买保险产品，但又不好直接拒绝保险销售员。

仔细分析一下，这种客户的性格通常是没有主见，做事犹豫不决，极易受外部环境的影响。所以，遇到这种客户，保险销售员一定不要轻易让其走掉，而是抓住其犹豫不决的性格特点，要尽量说服其购买。

情景解析

客户对保险产品满意，却执意要和家人商量之后再决定，这种情况无论是新入职的保险销售员，还是经验丰富的保险销售员都有可能遇到，但是他们处理的方法却不一样。很多新入职保险销售员，听到客户这样说就觉得没有什么好说的了，销售失败也就是必然的结果。而那些经验丰富的保险销售员总能通过一些技巧，说服客户购买保险产品。

帮您支招

1. 帮助客户做决定。“我和家里人商量一下”——这样的客户做事通常会犹豫不决，所以，保险销售员可以在决策上给予客户一些帮助，帮客户解决所担心的事情，甚至帮客户做出决定。

当然，在帮助客户做决定之前，保险销售员一定要通过沟通对其想法进行深入了解，比如，保险销售员可以对客户说：“小姐，看起来您对我们的保险产品还是比较了解的，那么您还想再考虑一下，是不是还有什么疑点没有解开呢？”有时客户可能很难清楚地说出自己到底担心哪些问题，所以，保险销售员必须仔细倾听，尽可能多地发现一些问题。然后告诉客户：“如果您的这些疑问我们都能一一满足，您是否会同意购买这款保险产品呢？”如果客户依然不能做出决定，那么保险销售员就可以针对客户问题逐条解决，如果保险销售员的回答客户很满意，那么客户一般会做出成交决定。

2. 使用缓兵之计。如果客户确实是有困难不能立刻做出成交决定，保险销售员最好不要催促他，而是要给客户一定的思考时间，让客户打电话跟家人沟通或者直接沟通，否则，会很容易令客户反感。不过，在客户考虑期间，保险销售员最好不要离客户太远，要做好准备随时为客户服务。

应该这样说

- **“张姐，这款保险产品这几天在搞优惠，您如果过几天再买，可能就买不**

到这么便宜的保险产品了……"

保险销售员要懂得适时增加客户的紧迫感，不论客户是真的一时决定不了，要跟家里人商量，还是不想购买保险产品，使用这种方法都很适用。比如，保险销售员可以说："这款保险产品是最后一批优惠，以后就没有相关的活动啦！"或者"这款保险产品特别畅销，名额是有限的……"等，给客户一种机不可失、失不再来的心理暗示，就往往能够促使客户做出购买保险产品的决定。

- **"李姐，可以留一下您的联系方式吗？也方便我以后为您服务！等您和您家里人商量好，一定跟我联系哦！期待您的回信……"**

如果保险销售员对客户的担心都逐条地解释之后，客户仍然表示要和家里人商量，那么保险销售员最好不要再继续催促客户做出决定了，否则，很可能令客户火冒三丈。保险销售员可以要客户一个的联系方式，之后，记得一定要在适当的时间打电话咨询，并约好改天拜访的时间和地点。

不要这样说

- **"张哥，您是家里的男人，是家里的顶梁柱，买一份保险产品，一年也就几千块钱，还需要请示家人吗？一个男人可不能这么没有骨气……"**

客户表示要和家里人商量一下，一定是有原因的，保险销售员不要因此用带有贬义的话语刺激客户，这样很容易引起客户的反感，失去潜在客户。

情景58："我只想给老公买，他又不同意"

客户不是最终决策者，而是客户的老公，而客户的老公又不同意，在一开始就不愿谈论过多，这样的情况，不少保险销售员都曾经历过，想要与这样的客户做成交易，往往需要保险销售员照顾到更多方面。有的销售员企图联系到真正的决策者，但是如果如此，那么销售往往会失败。

因为眼下的客户一旦走了，是否能够成交也就成了更渺茫的未知。与客户老公再次接触，浪费精力、时间不说，还有可能遭遇拒绝，想要达成交易也就成了镜中花、水中月。所以，与其找客户的老公洽谈，不如照顾好眼下的客户，坚定客户的购买决心。

情景解析

保险销售员想要获得与客户深入交流的机会，就要善于抓住眼前机遇。优秀的保险销售员绝不会轻易让任何一位客户随便走掉，即使是那些没有决策能力的客户。因为他们知道，只要打破当事人的犹豫心理屏障，接下来的工作就会变得顺畅。

通常，客户是否具有决策权，绝对不是保险销售员需要考虑的问题。任何一位客户做出最终的成交决定都离不开保险销售员的“培养”。只要眼前有客户，保险销售员就要不失时机地抓住，尽自己所能打动客户，使其变被动为主动。只要客户有了足够的购买热情，就会积极跟老公沟通，最后同意购买保险产品。

帮您支招

1. 给客户留一个好印象。不论客户是否具有决策权，保险销售员尽可能地给客户留下好的印象对自己绝对大有帮助。这不仅需要保险销售员对自身形象和言谈举止做到规范，还需要让保险产品在客户心中留下好印象。保险销售员要在一开始就特别强调某个保险产品的卖点，使客户记住保险产品的独特性。这样一来，即便客户真的离开了，也会对保险产品留下深刻的印象，也许经过再三考虑，这个保险产品仍有可能成为他的首选。

2. 给客户一点“小诱惑”。从购买中获得一定的利益，是多数客户做出最终成交决定的原因。人们都是趋利动物，权衡事物是否能够给自己带来价值，是人们的一贯心理。让客户明白买与不买的利益区别，就能增加客户的谈话热情，从而愿意和保险销售员展开交谈。所以，保险销售员不妨使用一点“小诱惑”，告诉客户购买保险产品之后客户会获得什么样的利益，对客户有什么帮助和好处。如果这些“小诱惑”足够吸引客户，客户就会很快地与保险销售员展开互动。

应该这样说

- “李姐，您真是一位尊重丈夫的好太太，我应该向您学习。您的想法挺有道理的，毕竟保费是需要您老公的工资支持，争取您老公的意见是很重要的。如果您同意，而您老公不同意，投保后，两个人不免有争吵，这是我绝对

不愿看到的。您看您老公什么时候有时间，我们一块研究一下这个保险计划好吗？”

当客户提出她老公不同意的时候，客户要表示尊重和理解，并仔细倾听客户老公为什么不愿意购买保险产品的原因，想出相应的对策，如果能征求客户的同意约出客户的老公来一起探讨定制的保险计划，保险销售员促使客户签单的机会就更大了。

- **“这款保险产品的目的，是当您老公发生意外或不幸时，有足够的医疗费用，有足够的家庭保障费用，让您老公来评价这款保险产品，他不知道如何回答才好！说好吧，受益的前提是他会发生一些事情，这当然不是他愿意发生的，说不好吧，万一真发生什么时候，他会后悔不已，所以，让老公发表意见，是在给他制造难题呢……”**

在客户陈述疑问时，保险销售员可以有情有理地阐述客户老公对投保抉择时可能产生的心理矛盾，从而暗示不要将难题抛给自己的老公，而是自己做出决定。

不要这样说

- **“不想买保险产品，为什么还让我介绍这么长时间？真是不道德……”**

当客户明确说出“只想给老公买，他又不同意”的时候，有些保险销售员就会认为客户是在找借口拒绝，有可能会说一些决绝、难听的话，这种做法是十分不可取的，这样不给客户留面子，无疑是将双方关系逼上了绝路，如果客户离开之后认为应该了解一下该款保险产品，也会碍于面子而放弃与保险销售员再次交谈。所以，保险销售员要多做一些考虑，给客户留足面子，如果客户回过头来，还会有继续协商的空间。

情景59：“我朋友也在卖保险，我还是买熟人的吧”

中国向来是讲人情的，做什么事情都喜欢找熟人帮忙，很多人都会认为，只有熟人、朋友或者亲人，才会将详细情况如实地告知自己，才不会被不熟悉、不信任的人骗。购买保险产品也不例外，很多客户总是

在跟保险销售员说：“我朋友也在卖保险，我还是买熟人的吧！”

这也是情理之中的事情，是可以理解的，保险销售员只有突破了客户的防范心理，才能彻底获得客户的信任。

情景解析

保险销售员在推销保险产品的时候，经常会遇到客户购买人情保单的难题。遇到这种情况，保险销售员可以站在客户的角度，从人情保单的弊端着手，告诉客户，人情保单在产生利益纠纷时，经常会为了念及亲情、友情而损失自身的利益，保险销售员还可以举自己身边的例子，这样，客户购买人情保单的念头就会动摇，最终可能会被保险销售员说服而购买自己的保险产品。

帮您支招

1. 遇到“我朋友也在卖保险，我还是买熟人的吧”这样的客户，保险销售员要告诉客户购买熟人保单的弊端，自己认识的人有可能在心理上认为彼此比较熟悉，就不注重保单的服务质量，而客户为了维护彼此的感情，就宁愿委屈自己也不去投诉，特别是在理赔的时候，分歧太大时，这份亲密的感情有可能消失殆尽，朋友、亲人之间有可能反目成仇。

2. 遇到“我朋友也在卖保险，我还是买熟人的吧”这样的客户，保险销售员要调整好自己的心态，抱着积极乐观的心态，处理这种苛刻的问题，努力做到“绝地突围”，凭着自己的努力，争取较高的销售业绩。

应该这样说

- **“张姐，我有个客户，跟您情况相似，也是有朋友在保险公司上班，但是，她却找我来买保险产品，还把她的朋友介绍给我，理由很简单，就是怕出现纠纷时，为了感情而伤和气，最后结果，必定是自己吃亏……”**

在遇到“我朋友也在卖保险，我还是买熟人的吧”的客户，保险销售员可以用自己客户的例子说服客户，让其转变观点，特别是客户态度摇摆不定的时候，保险销售员如果能承诺对客户专员服务，消除客户心中的疑虑，就很容易赢得客户的信任。

- “周先生，这是行业内所有保险公司保险产品的详细资料，如果您想找朋友咨询相关的保险产品，也是在情理之中的。如果您想多方面打听一下其保险公司及保险产品，也可以告诉我，我也认识他们公司的优秀保险销售员，您需要的话我帮您推荐，保证适合您的需要，让您有一份合适的保障……”

“同行是冤家”，客户提出在熟人那里购买保险产品时，保险销售员千万不要贬低、攻击客户的熟人朋友，这样只会让客户觉得保险销售员的专业形象和职业素养很差。

相反，保险销售员要对客户的熟人朋友进行客观公正的评价，尽量将话题转移到自家保险公司的保险产品和服务上，给客户留下一个好印象，让客户信任你。

不要这样说

- “张姐，您朋友也在保险公司上班，您应该早告诉我呀！既然您打算在熟人那里购买保险产品，为什么还让我花这么大力气帮您做保险计划呢？”

在遇到“我朋友也在卖保险，我还是买熟人的吧”的客户，保险销售员知道真相后，千万不要抱怨客户浪费了自己的精力和时间，更不要失去自信，快速放弃，任何事情都有回旋的余地。

- “李姐，您朋友是在××保险公司吗？他们公司的信誉在业界很差哦，他们公司的理赔拒赔率特别高，很多人都知道的事情。对了，既然您朋友是保险销售员，为什么从来不花点时间为您做保险计划呢？”

面对“我朋友也在卖保险，我还是买熟人的吧”的客户时，有些销售员为了追求销售业绩，达到销售的目的，有可能会挑拨客户与其朋友的关系，这样很容易让客户觉得保险销售员价值观有问题，从而拒绝与保险销售员进一步沟通交流。

情景60：“保险期太长了，不划算”

很多人无法接受保期太长的观念，他们总认为时间太长了，钱贬值了，最后还会领回一堆没用价值的东西，很多客户反对投长期保险，觉得太不划算了。

情景解析

很多客户认为“保险期间太长，不划算”，是因为客户对保险产品还没有正确的解读。保险产品保障的不是一时的人生，而是一辈子，保险产品所规划的不是一时的生活，而是一生。如果不能逃离生老病死的轮回，渴望保单来救命，就不会觉得保险期间太长了，这就像让客户还30年的房贷，客户不会觉得长久，二者是一个道理。

帮您支招

1. 分摊法。年轻的时候，购买保险产品，可以将保险期间延长，分期缴纳小额的保费，这样，分摊得比较低，经济压力没有那么大，最终的收益却并不减少，保险期间也会长久，因此，用分摊法延长保险期间，是比较划算的。

2. 数字推算法。保险销售员可以给客户算一笔账，如果客户投短期保险，利率不可能高，保额通常比保费还低，事实上，保险公司是喜欢客户投短期保险的，这样，保险公司就可以承担较低的风险，保险期限已到，满期金一领走，保险公司就不用再负任何责任了。

应该这样说

- **“张姐，您想想，汽车、巴士等机器及器械，使用年限都是年份分摊折旧的，保证年限一般就几年，因为东西时间长了，会老化，会磨损，维修它们，要付很高的费用，所以，精明的厂商不敢把保证年限设定得太长，当然，这个道理同样适用于人，年轻时毛病少，年龄大了毛病就会多起来，医疗消耗也会大起来，所以，能选择长期保险，就尽量不要选择短期保险……”**

面对“保险期间太长，不划算”想法的客户，保险销售员可以用类比法给客户讲道理，让客户理解投保的时间越长，所能享受的利益就会越多，如果在年轻的时候，就投保，年龄大了，危机重重的时候，所获得的保障就会越多，最后受益的仍然是客户。

- **“李姐，您想一下，如果您年轻时只购买一个短期保险，期间到了，想继续续保的话，年龄就成了问题，即使在可以购买保险的年龄里，但是，保**

费也会根据您的年龄而调高，而且还要考察您的财务状况，到那时，您一点自主权就没有了，这与长期投保的差别太大了……"

面对"保险期间太长，不划算"想法的客户，保险销售员可以从续保的角度出发，告诉客户长期投保的好处及短期投保后续保的各种问题，让客户做命运的主人，最好购买一款终身有效的保险产品。

不要这样说

- **"李姐，您仔细看，如果投长期保险，光癌症就有200种左右，如口底恶性肿瘤、牙眼恶性肿瘤、唇恶性肿瘤等（罗列出来一大堆）……"**

面对"保险期间太长，不划算"想法的客户，保险销售员在跟客户谈长期投保的时候，不要生硬呆板，没有活力和朝气，切忌说话没有快慢、高低之分，没有停顿和节奏。

- **"王姐，您这样想完全是错的，思维混乱不说，还不切实际……"**

面对"保险期间太长，不划算"想法的客户，保险销售员在与客户沟通长期投保的事情的时候，不要一发现客户的想法有偏差，就大声地指责客户，甚至批评客户、教育客户，这样，根本解决不了问题，只会让客户反感和怨恨。

情景61："命没了才赔，有什么用"

很多人对保险很忌讳，也会觉得没用，爸妈有退休金，家庭比较富裕，根本不用保险的保障，再说，命都没有了才赔，自己又用不上，太没意思了。这些人可以不负责任地说这些话，却没有想到含辛茹苦养大自己的父母，爱自己如命的妻儿……

情景解析

"命没了才赔，有什么用"——有这种想法的客户，往往把保险想得太简单了，保险除了死亡有钱赔外，生、老、病也有经济的保障，很多情况都可以得到保障的，并不是购买了保险产品就只是完全为了别人而保。

帮您支招

1. 讲事实。保险销售员遇到有“命没了才赔，有什么用”想法的客户，要给客户讲事实，购买保险产品不只是死亡后别人领保险金，人生中很多的人祸、天灾、健康受损、经济不景气、意外灾害，都可以得到保障。谁都不能保证自己一生衣食无忧，年轻时奋斗、中年事业不凡、老年颐养天年，是每个人所追求的理想，处处潜伏的危机却常常打败这些理想，买保险产品可以得到一些补偿。

2. 讲自尊。保险销售员遇到有“命没了才赔，有什么用”想法的客户，要给客户讲自尊，购买保险产品只是每年缴一点点费用而已，万一有一天为生活所迫，急用钱而借贷无门的时候，可以通过保单贷款，而且不用着急还贷，身故或者累积到满期再还也不晚，这会让客户更有尊严地活着。

应该这样说

- **“小李，您想想您的父母含辛茹苦养您二三十年，受尽千难万难，省自己、苦自己，总想着把最好的给自己的儿女，他们为的是什么？还不是希望自己的儿女有一天会有出息，事业有成，家庭幸福，更希望到了晚年，儿女可以照顾他们，他们能够享受天伦之乐……”**

面对“命没了才赔，有什么用”想法的客户，保险销售员可以向客户打亲情牌，诚心诚意地诉说父母的期望，鼓励客户负起家庭的责任，购买保险产品，为父母、家庭提供一份高质量生活的保障。

- **“张姐，您的想法我很理解，有这样的想法很正常，没有任何问题，我只是想问您一下，您想不想花最少的钱获得最全面的保障？”**

“命没了才赔，有什么用”想法的客户一般是比较主观的客户，他们往往认为事情是怎么样的就是怎么样的，对于这样的客户，保险销售员可以抛弃说教的口吻，用循序渐进的方式引导客户，抓住客户的购买心理，让客户感受到保险销售员的诚意，促使客户主动给自己及家人购买保险产品。

不要这样说

- **“唉，就您这样的人，活着也没什么用……”**

面对“命没了才赔，有什么用”想法的客户，有些保险销售员就会莫名地心情烦躁，不小心嘀咕出难听的话来，以为客户听不到，这完全是惹祸上身。

- **“李姐，您的命是没了，但是，您的丈夫、儿女、父母都还好好地活着呢，他们可以得到保险金呀，他们会心怀感激的……”**

面对“命没了才赔，有什么用”想法的客户，有些保险销售员就不注意表达方式讲起了大实话，虽然确实有道理，但是，对于敏感的客户来说，会以为保险销售员在诅咒自己，很不吉利……

第 3 节

巧妙说服

情景 62：跟老人沟通，多拉家常

老人是保险销售员面对的一个比较特殊的消费群体，他们在消费方式和消费心理方面与年轻人存在着很大的不同，而且他们生活阅历比较丰富，比较厌恶目的性很强的推销。

而保险销售员以年轻人居多，与这些老年客户沟通时难免会遇到障碍，这就要求保险销售员要以适合老年人的方式进行引导推销，最有效的方式就是拉家常。

通过东家长西家短的话语，保险销售员一方面可以摸到老人经济实力的底，另一方面可以揣摩出从哪款保险产品入手进行推销，还可以拉拢老人的感情，让老人对保险销售员产生信赖。

情景解析

保险产品对很多老人来说，是新事物。老人对新事物的追求也远远不比年轻人，在消费观念和行为上与年轻人有着很大的不同，原因如下。

1. 老人年纪比较大，因受早年生活环境的影响，思想往往比较保守，容易用老脑筋理解事物。

2. 老人有可能会因为耳朵不灵、口齿不清而导致错误领会或是输出信息错误，从而对保险产品有着本能的偏见。

帮您支招

1. 根据老年客户的消费特点，推销保险产品中知名度比较高的产品，比如，老人专属健康险。随着年龄的增长，老年人的健康情况也渐渐不尽如人意，医疗费用占每年支出的很大比重，老人专属健康险会缓解老人的经济压力，带来心理安慰。

2. 保险销售员推销保险的时候，要照顾老人的感受，提供最贴心的服务。一方面，老人有着这个年龄段的敏感，害怕受到冷落，保险销售员要多跟老人说暖心的话，用亲切的语气、语调体现关心；另一方面，推荐保险产品的时候，要考虑老人的年龄、身体及经济因素，推荐适合他们的保险产品。比如，老人投资风险的承受力并不高，可以向老人推荐一些资产配置的保本产品。

应该这样说

- **“根据您的身体情况，您比较适合买防癌险，一旦发生病患，您就可以省掉一大笔的开支！”**

老人勤俭节约，消费的时候首先看的就是保险产品的价格和实用性，而老人又是意外事故和重大疾病的高发人群，保险需求相应地会很大，保险销售员推销保险产品时最好从重大疾病险、防癌险、意外险等实用性的产品着手推销。

- **“这样讲解您能理解吗？不行的话，我可以换种范例帮您讲解！”**

很多老人可能眼神不好，耳朵不灵，对新的保险产品理解比较慢，甚至会出现理解错误的情形，保险销售员要耐心讲解，直到老人对保险产品完全了解并产生兴趣。

很多老人性格特别像孩子，渴望受到尊重和照顾，一旦保险销售员冷落老人，或者讲解保险产品时不耐烦，老人很有可能转身就走。

- **“您放心好啦！这款保险产品绝对适合您，让您获利最大，如果到时候不能如您所愿，您可以直接找我们经理！”**

老人做决定的时候，常常犹豫不决，对保险产品的价格、服务等不放心，甚至怀疑保险销售员的话是否真实。

在向老人推销保险产品的时候，保险销售员要让老人感到放心，做好相应的承诺，详细地向他们解答产品的价格、服务等问题，利用有理有据的论据消除老人内心的疑虑，让老人以轻松、愉快的心情购买保险产品。

不要这样说

- **“反正都写在这合同上了，您自己看吧！具体的，我也跟您说不清楚！”**

向老人推销保险产品的时候，用“具体我也不清楚”等含糊其辞的话语来敷衍老人的时候，很容易让老人认为保险销售员不专业，从而影响保险销售员推销保险产品。

保险销售员要表现出自己的诚心，向老人清晰地传达出保险产品的每一个细节，让老人真正理解保险条款中的每一项内容，这样老人才会安心、放心。

- **“老古板，这是人寿保险的一种费用，需要您在制定日期内上交！”**

推销保险产品，不是在故意卖弄知识，特别是面对思维迟缓的老人，把老人当作无知的人，说一堆保险产品的专业术语，只会让老人怀疑保险销售员是在故意欺骗自己。

相反，用通俗易懂的语言向老人解释，老人会更容易明白，进而有可能产生交易的冲动。

情景 63：跟全职妈妈沟通，多聊孩子

很多优秀的女人做了妈妈之后，为了孩子，便做了一个整日围绕老公、孩子转的家庭主妇。她们对孩子的关心远远超过自己，她们最乐意聊的话题就是自己的孩子。天天陪着自己的孩子玩耍，天天想方设法给自己的孩子做好吃的，天天关注孩子的教育，天天为了孩子学习更多新奇的东西……

聪明的保险销售员跟全职妈妈沟通的时候，聊的话题多数是围绕孩子展开的。全职妈妈一般不会拒绝跟保险销售员聊这个话题，这个话题也很容易拉近彼此交流的距离并解除戒心。

相反，保险销售员如果忽视孩子这个话题，认为自己所销售的保险产品跟孩子无关，就懒得去聊相关方面的话题。那么，保险销售员有可能会失去很多机会，因为，有时候，保险销售员销售的成败有可能就在于孩子这个话题上。

情景解析

全职妈妈在办事情的时候，不得不把孩子带在身边。保险销售员不要因为调皮的孩子在身边吵闹而为难客户，而是想办法帮客户稳定孩子，跟客户聊一些孩子的话题，最好还能逗一逗孩子，拿糖果之类的小礼物哄一哄孩子，让客户能全心全意跟自己交流。

很多全职妈妈带着孩子跟保险销售员沟通的时候，遇到孩子调皮吵闹，也会感觉到歉意。若这个时候，保险销售员能哄住孩子，还能跟全职妈妈多聊孩子的话题，不仅帮了客户的忙，让客户心存感激，还能进一步拉近彼此的关系，以达到销售保险产品的目的。

帮您支招

1. 做好贴心导购。孩子对事物判断力低，做事情时很少考虑后果，在同大人一起前来购买保险产品时，可能会抓起一些可以够得到的物品，或是在店里乱跑，极有可能被碰上或是摔倒，容易出现危险情况。所以对于带孩子来的客户，保险销售员不仅要照顾到客户本身，更应该照顾到孩子的安全。

再向客户介绍产品时，也要时刻注意孩子的举动，或是告诉客户把孩子带到身边，保证安全。这样客户会觉得你是一个比较细心的人，从而对你和你的产品产生更多的好感。如果能得到孩子的喜爱，那自然更好，就会增加客户来店里的机会。

2. 赞美客户的孩子。客户带着孩子出来购买保险产品，保险销售员随时都要注意孩子的情绪和要求，如果孩子因为某些原因闹着要离开，那么客户很有可能也随之离开，所以遇到这种情况时，保险销售员首先要做的不是马上为客户做详细的产品介绍，而是先安抚客户身边的孩子。

如果是小女孩，保险销售员可以赞美小孩长得漂亮或是乖巧可爱，如果是小男孩，则可以赞美其长得帅，这样不仅能在一定程度上起到安抚孩子的作用，同时身边的客户也会心情愉悦，对保险产品产生更多的兴趣。

应该这样说

- **“其实，做全职妈妈挺辛苦的，带宝宝也是很辛苦的事情。”**

全职妈妈最怕别人瞧不起自己，因为没有经济收入，在家带孩子操持家务，可能会被很多人认为是没有创造价值的人。保险销售员如果抓住全职妈妈这一心理，就很容易笼络客户的心，增加保险产品交易的机会。

● “周六日带宝宝去哪里玩呢？”

如今生活水平提高了，除了基本的衣食住行，全职妈妈更关心孩子的精神世界的丰富性。保险销售员可以跟全职妈妈聊一下孩子周六日的兴趣班、节假日的旅行等。

不要这样说

● “你家孩子怎么这么调皮？这可是公司重要的文件，被他搞得乱七八糟！”

孩子幼小，调皮好动是他们的天性，孩子基本的行为你都不能容忍，不仅伤害孩子、全职妈妈，还让全职妈妈意识到你人品上的缺陷，更别说保险产品的销售了。

● “这孩子怎么这么烦呢？”

即使保险销售员心情不好，也不要将自己的坏情绪和工作压力转嫁到无辜的孩子身上，这样只会让客户觉得你不可理喻，转身就走。

情景64：跟男士沟通，可从工作入手

接待男性客户与接待女性客户的方式、方法大不相同，若不了解男士的消费习惯，或者不熟悉男士消费的心理，就很有可能导致保险产品推销的失败。所以，一定要按照男性客户的特点进行引导。

特别是沟通的时候，可以从工作入手，尤其是工作中的矛盾和烦心事，让男性客户适宜地释放烦闷、不悦的感情，在心理上对保险销售员产生依赖。

情景解析

工作是男人生存的基础，也是男人的精神支柱，同样是男人快速成长的动

力。工作出色与否，代表着男人的尊严，工作好了，男人才有偶像般的成就感，才能更好地照顾好自己的家人、朋友……

很多时候，男人更愿意跟别人聊自己的工作，聊工作中的骄傲成绩，或者工作中不顺心的事情。若保险销售员能以此为话题打开男人的心扉，深入男人的内心深处，客户定会对你刮目相看，甚至不会讨价还价，跟保险销售员尽快成交，根本不需要保险销售员耐心细致地介绍保险产品，不仅节省了保险销售员推销保险的时间，也不必让保险销售员一遍一遍推销保险产品。

帮您支招

1. 分析客户的工作背景，提出类似的解决方案。保险销售员跟客户不是一个行业，也许不了解客户工作的专业知识，没有办法解决客户工作的实质问题，但，保险销售员可以告诉客户自己的想法、解决对策，开拓客户的思维，比如，保险销售员可以跟客户聊聊相关方面的时间管理，可以跟客户聊聊经济管理，可以跟客户聊聊资金预算等！

2. 正确理解客户的情感，认真倾听客户的倾诉，努力跟客户站在同一情感频道上，感同身受，共同承担。

如果客户大肆鼓吹自己工作如何如何优秀，自己如何如何被同事追捧，自己如何如何被领导重视……保险销售员最好也表现出自己的崇拜和仰视，让客户如沐春风，这时，保险销售员再推销保险产品就很容易了。

如果客户倾诉自己在工作中受挫，被同事排挤，被领导穿小鞋……保险销售员就要拿出一副共患难的架势，温柔体贴地安慰客户，突破客户情感的枷锁，客户也会心服口服地接受保险销售员推销的保险产品。

应该这样说

- **“我们这里针对男性的保险产品有很多种，那么您对保险产品还有什么其他方面的要求吗？”**

男性客户在选购产品时习惯于有的放矢，也就是希望能够一次选购到符合自己要求的保险产品，否则他们会觉得很麻烦。所以在介绍保险产品前，保险销售员最好问清客户对产品的具体标准，并作简要的记录，然后根据客户的要求，选择几款最贴近客户要求的保险产品，再向客户介绍，详细了解客户对保险产品的具体要求，快速排除那些不符合客户要求的保险产品，高效率完成保险产品的筛选环节，然后针对符合标准的保险产品，对客户做详细介绍。

- **“那么您觉得这款保险产品怎么样？成本低，收益高，价格也很合理。”**

男性客户在选购产品时对滔滔不绝的产品介绍比较反感，甚至有时候，过多的产品情况会把他们搞得头昏脑涨。

在向男性客户介绍保险产品时，要抓住保险产品的特点，做简单明了的介绍。特别是在协助客户选购保险产品时，对保险产品的介绍更要稳、准，尽量用简短的语言概括保险产品的大致情况，以便让客户能够轻松地选择出更加符合自己要求的保险产品。

- **“先生，根据您的要求，我向您推荐这款保险产品，虽然不是最新款的险种，但是投资低，红利高，无论是小孩、成年人还是老人，都可以投保，比较实用，也是我们这里最受欢迎的一款保险产品。”**

男性客户的消费心理与女性相比大有不同，他们消费时更理性，习惯与其他类似产品做对比分析，不易被感情因素所影响，更注重产品给他们所带来的利益，希望买到更适合自己、更符合自己要求的产品，而不会特别在意折扣、赠品等价格方面的优惠。

保险销售员在向男性客户介绍保险产品前，应详细了解男性客户的购物特点，用符合男性消费心理的方式与他们沟通。

不要这样说

- **“您可以购买这款保险产品，虽然投入有点高，但是红利也很高。”**

不同年龄段的男士，消费观点差异很大，面对节约的老人，最好不要推销花费高的保险品种。

情景 65：如何说服没有主见的客户

保险销售员常常会遇到没有主见、犹豫不决的客户，他们对保险产品的价格、收益、款种等，总是比较再三，瞻前顾后，举棋不定，总是拿着保险产品简介左看右看，还不时地自言自语，不知道是否购买或者不知道购买哪种。

其实，他们犹豫是正常的，毕竟购买保险是一种持续性行为，是一笔不小的开支，作为保险销售员，既要适时地给客户考虑的空间和时间，也要想办法让客户下定决心去做这件事情。

情景解析

保险销售员只有真正找到客户对保险产品的哪些方面没有主见、客户犹豫的原因，并找到适当的方法给予解决，才有可能真正消除客户的疑虑。

这就要求保险销售员要具备较好的引导能力和足够的耐心，通过交流找出客户犹豫的真正原因，并通过进一步沟通，不断加强客户的购买欲望。

帮您支招

1. 采取“二选一法”。一些客户在购买保险时因长时间处于犹豫状态，心中的疑问一直没有得到解决，结果就可能因无法做出决定而最终放弃购买保险产品，而这常常是由于保险销售员采取的应对措施不当造成的。

对于没有主见、犹豫不决的客户，一味地尊重其选择，往往更容易令他们不知如何选择，他们始终因各种原因游移不定。所以，保险销售员发觉客户对购买的保险产品犹豫不决时，就应该快速根据客户情况和要求制定出两套“选择方案”，然后通过引导将客户带入二者必选其一的思路中，这样的框框恰恰能有效消除客户的犹豫心理，令其果断地做出决定，而且还避免了客户被保险销售员直接询问是否购买而引起的尴尬。

当然，保险销售员制定的“选择方案”一定要对销售有利。

2. 帮助客户做决定。如果保险销售员与客户交流的时间比较长，对其情况比较了解，可以试着帮助客户做出决定。而帮客户做出决定最有效的方法就是增加销售的紧张气氛，也就是采取一定的方法，增加客户对保险产品需求的紧迫感。如保险销售员可以提醒客户保险产品允许购买的人数有限，或是保险产品价格将恢复原价，给客户制造紧迫感，这样往往能促使其较快做出购买决定。

但是需要注意的是，在使用这种方法时，保险销售员一定要确保自己所说的信息真实、有效。

3. 为客户提出合理的建议。在购买保险产品时，客户没有主见、犹豫不决的原因不是不知道买哪种保险产品，就是难以决定买还是不买，这时，一些具有合理建议性的意见往往可以给他们一些方向上的引导。所以，保险销售员不妨在对客户进行过一定的了解后，适当地提出一些合理建议，帮助客户摆脱进退两难的困境。

应该这样说

- **“刘先生，您从现在起每年只需缴纳 6000 元的保险费，也就是每月只需缴纳 500 元，等您退休以后每个月就可以拿到 3500 元的返还金，并且在您 60 岁的时候还可以获得 30 万元的奖励金。您看，有了这 30 万元加上每个月的 3500 元，以及您退休后自身的退休金所得，您还担心晚年的养老吗？”**

优秀的保险销售员懂得客户购买的永远不是保险产品，而是这个保险产品背后所能带来的好处和利益，特别是在面对没有主见的客户时，保险销售员一定要让客户了解购买保险产品所带来的好处或者利益，或者这款保险产品能帮客户解决什么问题，买保险产品比不买保险产品的益处多得多等。

一旦客户真正意识到保险产品能为他们省时省钱、缓解痛苦、减轻压力，客户就有可能瞬间变得有主见多了。

- **“周先生，您也人到中年了，什么大风大浪您没有经历过呢！虽然说您目前的生活和工作都比较好，能够为您和家庭提供一切保障，但人生难料，谁都预测不到以后会发生什么事情，如果您买了这款保险产品，您就不需要有这样的担心了。”**

面对无主见的客户，保险销售员可以采取逆向思维的方式来呈现人生中可能出现的危机和风险，引导客户想象低生活开销或者无生活开销的生活，跟现在的小康生活形成鲜明的对比，唤醒客户的忧患意识，促使客户从中发现自己的保险需求，主动向保险销售员寻找解决问题的保险方案，让保险销售员提供有利于自己的保险计划。

不要这样说

- **“周先生，都考虑半天了，您这样太耽误我的工作了。”**

无主见的客户需要时间去考虑保险产品的优劣势或者是否购买，保险销售员不要因此失去耐心，一定要控制自己的情绪。

- **“好吧！李先生，成交吧！别考虑了！”**

强人所难往往适得其反，保险销售员在向无主见的客户发起攻势的时候，一定要掌握好度，不要让客户有被强迫交易的感觉。

情景66：如何说服谨慎小心的客户

谨慎小心的客户，思维往往比较缜密，会从各个角度全面地去考虑事情，他们经常会考虑保险产品的款类、价位、收益与付出比例，做决定的时候一般都有经过千辛万苦地挑选，保险销售员一般很难突破其心理防线，既要做到满足谨慎小心的客户的需求，又要迎合他们的心态，要灵活应变。

情景解析

保险销售员之所以难以突破谨慎小心的客户的心理防线，原因有可能是。

1. 客户担心该款保险产品是否适合自己、投入是否合理、能否解决自身的问题。

2. 该款保险产品是否解决自己心头的疑虑，能否解决自己的后顾之忧。

保险销售员在向谨慎小心的客户推销保险产品的时候，要先了解客户的疑虑，明白客户的后顾之忧在何处，让客户自己说出自己的真实想法，每做一次推荐就要加上征询客户意见的话，以确定客户对自己观点的认同度。

帮您支招

1. 为客户提供保险产品方面的真诚建议。谨慎小心的客户在做决定时，难免会犹豫，对此，保险销售员就应当当好参谋，在适当的时候为客户提供合理化建议，消除客户的犹豫。

但保险销售员要确保建议的有效性，保险销售员导购员必须尽可能多地从客户那里了解谨慎小心客户的具体情况，如家庭状况、工作情况等，然后根据情况有针对性地提出建议。在提建议时，保险销售员要多从客户的角度出发，切不可为了多拿提成而推荐那些不符合客户的保险产品。

2. 掌握快速成交的方法。谨慎小心的客户迟迟无法下定决心购买，保险销售员千万不要认为等待可以得到结果，因为客户权衡不出答案也许就此放弃购买保险产品。所以，很多时候客户下决定都需要保险销售员的参与，这就需要保险销售员掌握一些快速成交的方法。a. 从众成交法，用人们的从众心理来刺激客户购买；b. 欲擒故纵法，可以假装整理保险产品说明书，让客户早下决定。

3. 说服客户是成交的关键。虽然客户对保险产品有想法、犹豫不决，不管客户有什么疑虑或者后顾之忧，关键在于保险销售员能否说服客户，否则，即便保险产品适合客户，客户不同意，那也是无法成交的。所以，保险销售员在提出合理建议的同时，更要想办法说服客户，让其首先对保险产品产生认同感，认为保险产品值得购买。

应该这样说

- **“王先生，20 年后，我们都是六七十岁的老人了，您有没有考虑过晚年生活呢？养老是靠儿女，还是靠退休金，还是靠自己的积蓄？儿女也有自己的小家庭呀，他们负担也是很大的，对父母的帮助都是有限的；退休金也只能保证基本的生活，毕竟通货膨胀的趋势严重，花钱就像流水一样；积蓄都用在日常生活和养儿育女上面了。所以，有一份保障计划，还是比较靠谱的。”**

面对谨慎小心的客户，保险销售员可以与客户一同回忆一下往事、展望一下未来，分析一下老年人必需的生活支出和经济来源，故意夸大一下缺乏安全保障的晚年生活的凄凉，客户意识到未来的危机，就会很自然地对保险产品产生需求，要求签单。

● “张先生，您看，这款健康险可以为您报销生病住院的费用，满足您对健康的需求，您是不是觉得很适合您呢？您如果对哪一个款项不明白的话，我会尽力想办法帮您解答的。”

面对谨慎小心的客户，保险销售员要特别注重客户的内心感受，向客户推荐每一款保险产品都要及时得到客户的反馈意见，以了解客户的顾虑，做出有利于客户的保险产品方案。

不要这样说

● “有一句名言——保险的意义，是今日做明日的准备，生时做死的准备，父母做儿女的准备，万物循环而已。今天预备明天，这叫真稳健；生时预备死时，这是真豁达；父母预备儿女，这是真慈爱。能做到这三点，才是节奏强的现代人。”

面对谨慎小心的客户，保险销售员不要只顾自说自话，不倾听客户的声音。相反，面对这样的客户最重要的是倾听到客户的需求、疑虑、后顾之忧，再制定进一步的解决方案。

● “李小姐，请问您结婚了吗？您爱人的收入是多少呢？”

谨慎小心的客户一般都很注重自己的个人隐私，保险销售员跟客户聊天的时候，不要使用不恰当的提问方式，否则效果会大打折扣。

情景67：如何说服挑剔难缠的客户

在保险推销中，保险销售员常常会遇到挑剔难缠的客户，这种客户具体表现为对于保险产品他们不是挑剔保险收益不高、保险计划不适宜，就是抱怨价格太高，有时还对企业的保险销售员发一大堆牢骚，甚至对热情的保险销售员也是冷嘲热讽。

虽然有众多不满的意见，但是并不急于离开，而是拿着保险产品反复琢磨。这让很多保险销售员摸不准客户的心思，也就无法采取正确的对策。

情景解析

这种挑剔型的客户，不论购买什么保险产品，都会挑出一大堆问题，无论保险销售员服务得多么周到，也总是鸡蛋里挑骨头，始终摆着一副“检察员”的面孔，面对这样的客户，保险销售员难免不会感到懊恼。

保险销售员想要与这样的客户做成交易，就必须掌握一定的保险推销技巧，采用先听后说的原则，保持足够的耐心。

帮您支招

1. 洞悉客户的真实目的。有时保险销售员会遇到天生爱挑剔的客户，但是有些时候，客户的挑剔并非来自于他的天性，而是带有一定的目的性的。比如，客户希望花更少的钱买到保险产品，于是就会通过不断地挑剔保险产品的缺点，无形中压低保险产品的含金量，达到自己的购买目的。

所以，在与客户交流时，保险销售员一定要注意客户挑剔的原因，如果客户是故意挑剔，那么就要想办法巧妙避开，并通过适当的提问找到客户挑剔的真正原因，再寻找相应的对策给予解决。

2. 不要与客户直接“理论”。与客户争辩，是保险推销中的大忌之一。现实保险产品推销中，一些保险销售员面对客户的百般挑剔，总是忍不住争辩一番，但是结果往往是以推销保险产品失败而告终。

所以，在任何时候，保险销售员都不要与客户争论，特别是遇到挑剔的客户，争辩除了激起更多的矛盾外，没有任何作用。

3. 抢在客户之前解决问题。在客户提出问题后再解决，保险销售员如果一句话说得不到位，保险推销就有可能进入尴尬局面，从而给接下来的保险产品推销带来影响。

所以与其如此，保险销售员不如在客户挑剔前就解决客户的问题，让客户无可挑剔。那么也许有人会问了，客户没挑剔，我们怎么知道要解决哪个问题呢？

其实很多时候，客户都会先从行动上表现心理，比如，想要挑剔保险产品计划方案，就会习惯性地用手反复抚摸保险产品计划清单。在向客户介绍保险产品时，保险销售员不仅要学会听和说，还要会看。

4. 先顺应，再转折。过于挑剔的客户所提到的问题往往有不少都是出于其主观的苛刻要求，这的确令不少保险销售员感到“怒火中烧”，往往有想直接反驳客户的冲动，但是这种直接反驳结果往往是带来保险产品推销工作的快速结束，因为没有哪个客户愿意接受保险销售员的直接反驳，因为身为“上帝”的客户更注重自己的面子。

所以，可以先顺应客户，让其说出自己的想法，不要轻易打断他，并对他的话表示一定的赞同，然后再以委婉的方式表达自己的想法，先顺应，后转折。

应该这样说

- **“您说的也有一定的道理，不过……”**

面对挑剔难缠的客户，聪明的保险销售员常常会用到转折句式，既表达了自己的想法，又照顾到了客户的情绪，既反驳了客户的想法，又舒缓，可以令客户接受，可以说，这是保险销售员面对挑剔型客户不得不用到的一种有效方法。

- **“我今天就来和你讲讲这个道理……”**

在面对挑剔型客户时，为了避免发生不必要的矛盾，保险销售员首先就是不要与客户争论，即便客户总是表现得针锋相对，也不要争论，而是要适当地沉默，给客户一定的时间阐述意见，不论客户的话有没有道理，这都是一个保持保险销售局面的和谐的好方法。

不要这样说

- **“不是这样的！你说的没有道理！”**

保险销售员要想让自己的工作继续开展下去，就必须给客户留下一定的空间，千万不要直接说类似“不是这样的”“你说的没有道理”的句子，这样，保险产品的推销基本上会被中止。

- **“您购买不购买都没有关系的，您可以先了解一下吗？这里面有两种保险产品特别适合您，可以用较小的投资换取较大的收益，首先，这个教育基**

金特别适合您家宝宝……”

实际上，越挑剔难缠的客户购买保险产品的可能性越大，因为他们的问题越多，往往对保险产品的需求也会越大，保险销售员可以想方设法接近这类客户，不要轻易放弃。

但跟客户沟通的时候，不要一副黏上客户、非要客户购买保险产品的口吻，更不要直白地跟客户说对方这里需要保险产品那里也需要保险产品……

情景 68：如何说服“只要基本保额”的客户

很多投保的客户对保险产品有着一定的疑义，受固有的思维定式影响，他们往往会选择基本保额而放弃高额全保，结果是，这些客户无法享受全面的保险产品的保障，违背了投保的初衷，当然，也无法满足投保客户全方面的需求。

情景解析

投保客户“只要基本保额，不要高额全保”，原因有下面三个。

1. 很多投保的客户存在一个心理误区，不了解保险产品的具体情况，对保险计划的意义和目的缺乏正确的认识，宁愿先买一个便宜的保险产品试一试，也不愿意接受高额全面的保障，他们经常想，先试试，如果划算，再做新的打算。

2. 很多投保的客户觉得经济压力比较大，对未来的风险做不到全面地预估，就以保费的多少为依据进行投保，这样他们就会选择最基本的保额和险种，只要购买了保险就行，投入太多完全是没有必要的。

3. 很多投保的客户对保险本身存在着异议，认为高保额和保费高的保险品种是给有钱人留着的，所以就不去投高额全保。

帮您支招

1. 勇敢地否定客户的想法。勇敢地否定客户的想法，并不是强硬地反驳客户，而是从客户的切身利益出发，直接表达出自己的建议和看法，让客户看到保险销售员的真诚和恳切，当客户感觉到保险销售员为了自己的利益而卖力时，不但不会因为保险销售员提出的合理反驳而生气，反而会完全信任保险销售员。

2. 从客户的实际情况和实际需求出发，为客户做出完美、理想的保险计划。从客户的实际情况和实际需求出发，解决客户生活或者工作所面临的严峻问题，满足客户的所需所求，才能引起客户的兴趣，引导客户购买高保额的保险产品。

保险销售员可以先为客户量身定做一份完美、理想的保险计划，如果客户只想买基本的保额，对保险销售员的保险计划提出疑问时，保险销售员可以从客户目前所面临的问题和迫切需求出发，分析这份保险计划对客户的重要性，鼓励客户接受全面的保障。

应该这样说

- **“刘姐，您别误会，我不会昧着良心一味去赚钱的，我在为您设计这份保险计划的时候，不是本着保险越多就越好的原则做的，而是根据您的需求做的。我是想让您和您的家人得到全面的保障，让您一家子的生活衣食无忧，您是否想减少保额，或者减少险种不是我说了算的，也不是您想的那样，而是您的实际情况和面临的问题来决定的。”**

保险销售员要告诉投保的客户，保障是不能打折的，打折的保障是没有多大的效果的，同时，保险销售员还可以借助客户对家人的感情，来说服客户全方位保障的必要性，只有放弃基本保额，选择高保额才能满足客户的需求。

- **“哦，姐，您为什么要减少险种、降低保额呢？您可以告诉我您真实的想法，我再帮您做进一步的分析……”**

投保的客户提出减少险种、降低高保额时，保险销售员要注意给客户留情面，顾及客户的感受，委婉地问清楚客户只选择基本保额的原因，然后，再根据客户的实际情况做进一步的打算和沟通，不管最后的结果如何，都要把客户的感受放在第一位。

不要这样说

- **“张总，这个您大可把心放进肚子里，绝对不会出现这种问题，续保也绝对不会出现问题的，您相信我就是！”**

保险销售员不要为了引导客户投高保额、多险种，就轻易给客户信口承诺，这会引来客户的不满，给自己的后续工作带来麻烦。

● “姐，您原来是因为保费支付不起而提出异议的，那您怎么不早说呢？早说的话，我就没必要花这么大工夫为您制定保险计划书了，也没有必要费口舌为您讲这么多专业知识了。以后记住，买不起，就不要浪费别人赚钱的时间。”

保险销售员费尽口舌和工夫却换来客户的基本保额、减少险种或者干脆拒绝购买保险产品，心情肯定不好，但是，即使心情再不好，也不能将坏情绪发泄到客户的身上，直接反驳客户，对客户热嘲冷讽，那基本上以后跟客户就不会有任何交易了。

情景 69：如何说服 90 后客户

保险销售员在推销保险产品的时候，经常会接触 90 后客户，这些年轻人总认为自己很年轻，根本不需要保险，不需要保障。一旦保险销售员向这些 90 后客户推销保险产品，他们往往用 90 后的思想和观念将保险销售员绕进去，结果，导致保险销售员没有推销出保险产品，还被这些年轻的 90 后“教育”了一番。

情景解析

90 后的客户之所以认为自己不需要保险产品的原因。

1. 90 后还很年轻，身体健康，以后挣钱的机会很多，风险意识和保障意识淡薄，认为自己有足够的能力保障自己的生活。

2. 90 后由于工作经验不足，工资比较低，很多都是月光族，没有理财的想法，认为购买保险、理财是有钱人的事情，与自己没有关系，抱着“走一步看一步”的态度，自然对保险产品没有兴趣。

3. 受社会快速发展的影响，一部分 90 后有着前卫的消费观，有点钱就去吃喝玩乐，对保险产品更是不屑一顾。

帮您支招

1. 倒推法。保险销售员要让90后客户明白，年轻时买保险是对家庭的负责，90后可能还年轻，不需要保险。但是父母需要，任何人不能预测自己的一辈子，90后应该为自己的父母考虑一下，为自己的妻子儿女考虑一下。这些人都是90后客户的“软肋”，都是90后客户最牵挂、最在乎的人，一旦唤醒90后客户的责任意识，90后客户就会发现自己对于购买保险产品的紧迫需求。

2. 告诉90后客户保险产品是人生中的防火墙。等到遇到风险再去买保险产品，就想买也买不到了，现实中很多人正是买了保险产品，才会免遭风险带来的厄运。

3. 告诉90后客户居安思危，才能有备无患。风险不一定会降临，但是我们却要有规避风险的能力，这样，才能有备无患。

应该这样说

- **“您现在还不到30岁，还年轻，身体非常健康，也许你会想购买保险产品对你来说没有任何意义。但是，人这一辈子很长，谁也不知道以后会发生什么事情，我们可以给难以预测的未来买一份保障，也不怕自己年龄大了再受苦，晚年受苦是很凄凉的……”**

保险销售员要告诉90后客户，谁都有老的一天，年轻时做好年老时的准备，日子才会过得轻松，这才是真正的远见，也是对自己年老时的责任承担，否则，晚年没有足够的生活费用会很凄凉，只要年轻时做了准备，独立经济，才能过得有尊严。

- **“您是90后，年纪轻，身体棒，您根本不需要这款保险产品，但是您的父母需要呀，您父母就您一个孩子，养大您太不容易了，万一您出了什么事，让他们怎么办呢？老无所依太凄凉了，如果您心里还牵挂着他们，希望有机会回报他们的养育之恩，可以考虑一下这款保险产品，也好让父母过上安逸的晚年……”**

保险销售员可以从家庭责任的角度出发，于情于理，打人情牌，让90后客户心有所牵，心怀愧疚的客户很容易被击中软肋，默默完成签单。

不要这样说

- **“您还是太年轻了，您现在年纪这么小，正是买保险的好时候，过了这个年纪，身体不好了，哪个保险公司还愿意接受您的投保呢？您明不明白呢？”**

保险销售员面对 90 后客户的时候，可能自己年龄相对大一点，阅历稍微深一点，但，这也不能代表保险销售员就可以不顾分寸、居高临下地教导 90 后客户，这样更容易激发 90 后客户的逆反心理。

- **“年轻人考虑问题还是不够全面啊，您没有防患意识，就不能居安思危呀。”**

保险销售员不要以为自己是长辈，就可以带着批评、说教的口吻进行销售，这样，很容易导致 90 后客户反感，保险销售员要耐心地解说，提供周到的服务，保持赞赏和谦逊的态度才会更容易让 90 后客户所接受。

第四章

促进成交，临门一脚很关键

第 1 节

成交需要适当引导

情景 70：用身边的故事，改变客户对保险的看法

保险销售员经常会遇到这种情况：费尽心思为客户介绍保险产品，最后还是被客户无情地拒绝。这时，保险销售员不要急躁，不要烦闷，不妨给客户讲一个身边的故事，告诉客户投保的重要性，客户通过保险销售员讲的真实的故事，很有可能会感觉到危机，改变对保险产品的看法，从而直接提出购买保险产品的请求，最后签单成功。

聪明的保险销售员从不只是枯燥地讲解保险产品本身的知识，他们会以讲故事的方式娓娓道来，讲述购买保险产品的重要性，通过身边生动形象的人物、用情绪营造出来的某种氛围、严密的逻辑构思、带画面感的细节、蜿蜒曲折的起伏、引人思考的结尾，绘声绘色地给你讲一个耐人寻味的真实故事，并利用情景代入带动客户的情绪，让客户陷入故事的精彩情节和动情的讲述中，让客户感同身受，意识到购买保险产品势在必行。

情景解析

保险销售员如果会给客户绘声绘色地讲故事，这也是一种软实力。这种讲故事的聊天方式，能将客户带到一个特定的场景、情绪氛围里，打开客户的心扉，让客户记忆深刻。

如果保险销售员想让自己所讲述的故事活起来，还可以用大量图片、幻灯片、图表、视频、诗句、对联来点缀，让故事更立体化、更形象化，让客户仿佛看到、听到甚至闻到保险销售员故事里的各种刺激，进而产生共鸣，促进保险产品的签单。

帮您支招

1. 分析客户拒绝签单的原因，探知客户的真实想法，用身边的故事消除客户的疑虑，直到客户答应签单。

2. 用各种案例、事例说服客户，用讲故事的方式劝说客户购买。保险销售员在平时要多积累一些保险销售的案例、事例，用讲故事的方式说给客户听，让客户在故事里感受人生无常、世事难料，增加客户对保险产品的认可，促进客户快速签单。

应该这样说

- **“保险就是未雨绸缪，购买保险产品，一旦发生意外，可以给家人一个安慰，生活上也不会有太大落差。前段时间，有个客户说要购买保险，但是各种原因没有及时购买，后来突然出现车祸，双腿残疾，如今，连自力更生的能力都没有了，没有购买保险，现在生活得特别特别艰难，很难让人想象！”**

好的故事，离不开丰富的真实细节，立体化、形象化的细节是渲染感情、打动人的关键要素。

保险销售员在讲故事的时候要注意渲染细节，让鲜明的细节改变客户对保险的看法，给客户以警示。

- **“这是发生在我朋友身上的真实故事，我可以给您联系方式，您听听他的感受！”**

给客户讲的保险产品购买的故事，可以是自己的亲身经历，也可以是亲戚朋友的亲身经历，也可以是听到的陌生人的故事，都要足够发人深省、有警示作用的。

- **“您应该知道这个事情，我没有骗您吧？”**

保险销售员给客户讲的故事，可以是报纸、杂志、电视上的事情，也可以是新闻。比如，名人英年早逝、震灾、矿难，不仅可以增加客户对保险销售员的信任，也可以让客户感同身受。

● **“这个寓言故事放到现在这个社会环境下，也是有一定的警示意义的！”**

保险销售员可以积累一些符合主题的寓言、古代故事、漫画，让客户领悟其中的现实意义。

不要这样说

● **“大体上是这样的，您自己可以想象一下。”**

保险销售员给客户讲故事的时候，要注意故事的跌宕起伏，着重强调购买保险产品的重要意义。如果故事太平淡无力，那么根本不会吸引客户，更谈不上签单了。

● **“他穿了……戴了……吃了……说了……”**

保险销售员给客户讲故事，最忌冗长，要尽量用简单、生动的语言，否则，保险销售员讲半天，客户都不知道你到底想阐明什么主题，根本没兴趣听下去，更别提购买保险产品了。

情景 71：善用关键数据，巧妙说服客户

很多保险销售员刚入行时，没有多少实践经验，总以为只要泛泛地给客户介绍保险产品的收益好、性价比高、适合客户的需求，就能打动客户。事实上，很多客户看不到任何实际的数据，会很容易放弃。保险销售员在这种情况下，不妨试试关键数据的运用，再与高超的话术相结合，才会更有说服力，更加可信。

情景解析

一般情况下，仅仅从口头上表达保险产品的好，只会让客户觉得保险销售员在吹牛，水分很大，可信度太低。

如果保险销售员能够拿出权威的数据，通过关键数据，给客户讲清楚所推销的保险产品的利弊得失，通过关键数据的计算，让客户看清楚保险产品的劣势与优势，客户看到自己的既得利益，就很可能会心动不已。

帮您支招

1. 数据本身要真实可靠，不能欺骗客户。保险销售员首先要做到数据真实可靠，不能欺骗客户。一些具有逻辑性的数据资料要有完整、全面的推理分析，不能只有一个简单的结果，这样才有说服力。而且数据要做到与时俱进，精确无误，及时添加新鲜的元素，提高数据和资料的质量。

对于有些保险公司自己所做的调查数据，为了增强说服力，保险销售员要让客户知道你们是怎样进行调查研究的，详细交代调查范围、方式、步骤等，规范的资料总是能让人信服。

2. 将关键数据绘制成图表。为了能让客户一目了然地看清楚自己的利弊得失，节省看相关数据的时间，保险销售员可以将保险产品的相关数据整理清晰，并绘制成图表呈现在客户面前，说服力会更强。

3. 出示数据或资料时一定要注意时机。并不是所有场合都适合用数据说话，有些时候根本用不上数据。数据就是说服客户购买保险产品的证据，既然客户已经决定购买，那又何必多此一举，出示数据呢？此外，数据或资料的包装应该力求精致，不宜更改，这样才能增强可信度。

应该这样说

“张姐，您看，这是第三季度的数据信息，也是最新的数据信息，第一季度、第二季度的数据信息在您左手边放着，您可以对比一下！为了紧跟保险市场方向，我们公司时刻关注着保险产品的市场动态，这方面我们一直在努力，力求把最新的数据信息呈现给客户。”

保险销售员在给客户提供数据资料的时候，要适时更新数据，保持数据的与时俱进，最好能够提供权威机构鉴别的数据资料，这样客户会更相信保险销售员提供的数据的真实性和可靠性，这样，更有利于保险销售员与客户的交流与沟通。

“这份意外险包括意外事故导致的伤残，如果选择月交费，每个月交费826元，10年累计交费99120元，到60岁，可获得所交保费之和109%

的返还，共计108040.8元，养老、旅游都不用愁啦！”

任何时候，只要客户有疑问时，保险销售员都可以随时给客户计算出所交费用、所得利益，让客户知道自己在这份保险产品中获得的保障，数据是客户最终决定购买保险产品最大的推动力。

- **“我明白您的顾虑，您是不是觉得每年的交费有点多？但是，这只是表面上的，我仔细跟您算一下，您每月只需交260元，每天只需交8.66元，一天省9元，对您来说，应该不是特别难吧？”**

很多客户一听到一年交多少钱，就会感觉到数字比较大，会担心自己经济上承受不了。保险销售员完全可以抓住客户的这一心理，计算出平均每天需交多少钱，这样数字相对就会比较小，就会降低客户对保险产品的担心和抵触心理。

不要这样说

- **“张姐，一年的保费6000多块钱，算是比较便宜了。保险跟房子一样，年年都涨价呀，今年你不买，明年再想买同类的产品可没这个价格喽！”**

价格上涨、环比增幅是保险销售员在与客户沟通时候通常用到的关键数据，但是如何把数据用好，还需一定的沟通技巧。这种为客户制造紧张心理和焦虑情绪的话，通常会让对方感觉被推销，从而产生反感。

- **“张先生，您想要便宜的产品，我这里也有，您看这款一年才5000多元，在我目前成交的客户中只占10%，因为保障少嘛，当然买的人也不多！”**

在使用数据时，保险销售员不能只是把数据简单地抛出来，最好还是为客户进行分析和说明，比如这款产品为什么成交率低，它有什么不能保障的事项，这样一一为客户解释清楚，客户才会更容易接受。

情景72：客户购买信号不可忽视

所谓购买信号，是指客户在做出购买决定前，通过语言、动作、表

情等做出的有成交意愿的表现。保险销售员能否及时准确地识别并把握客户的购买信号，很大程度上决定着销售的成败。

聪明的保险销售员懂得，合适的交易时机并不是随时都有的，他们往往善于把握客户发出的购买信号，一旦客户表现出购买的欲望，就会趁热打铁，乘胜追击，成功签单。

而有些保险销售员之所以四处碰壁，接连失败，很多时候是因为他们不善于识别和把握客户发出的购买信号，原本客户已经做出了暗示，而他们却“不解风情”，结果客户失去兴趣，这些保险销售员也就失去了客户。

情景解析

客户针对保险产品提出的问题越细致入微，证明客户做出成交的可能性越大。有经验的保险销售员总能在客户刚刚开始发出购买信号时就能予以关注，这不仅因为他们有着敏锐的观察力，也因为他们具备较强的分辨能力，能够较为准确地识别客户的购买信号。

一般来说，客户发出的购买信号就藏在他的言行举止间，保险销售员只要善于观察，就不难发现，客户发出购买信号都逃不出以下的三个因素：表情、举止、语言。如果能够技巧性地识别和把握，每一个保险销售员都有可能把握到最佳成交机会，顺利与客户成交。

帮您支招

1. 从客户的语言信息中识别并把握购买信号。有声的语言表达是客户表明购买意愿最主要、最直接的方式。这种语言表达一般表现在客户的询问上，如询问保险产品的具体付款方式、最迟付款时间、保险产品在客户中的反响、保险产品是否有赠品、保险产品的售后服务如何等。

2. 从客户的行为信息中识别并把握购买信号。在产生成交意愿后，客户在行为举止上也会有所表现，如仔细翻阅观看保险产品宣传册或说明书、表现得较为轻松满意，对保险销售员的介绍感兴趣或是表示赞同，对保险产品表示满意并不断浏览价格表，让自己的朋友或陪同者一起比较保险产品等。

3. 从客户表情信息中识别并把握购买信号。表情是无声语言的一种，通过表情，人们往往可以传达出内心的某些真实想法。同样，在客户做出购买决定之前，也会不可避免地通过表情来表达自己的成交欲望。

比如，表情从平和到兴奋，嘴角开始上扬，眼睛逐渐发亮，紧皱的眉头开始舒展。

应该这样说

- **“张姐，您打算购买几种险种？”**

通过认真观察，客户表现出购买意愿的时候，保险销售员要快速做出回应，抓住机会进一步说服客户，并适当询问购买意愿，以快速实现成交。

- **“张总，您说的这些都不是问题，我给您一个投保方案，您可以获得……”**

客户询问得越多、越精细，证明他做出购买决定的可能性越大。有时客户对保险产品提出异议也代表着他有成交意愿，因为有些客户往往希望通过这种方式来压低保险产品的价格，这时如果没有足够的降价条件，保险销售员最好不要随便降价，而是转而说服客户，排除他的异议；如果双方达成了双赢条件，保险销售员可以酌情做出让步。

- **“请问，您还有哪里不清楚的？我尽可能地帮您排除疑问。”**

当客户表现出一种或几种购买信号时，保险销售员就需要根据具体情况做出回应，如客户拿起保险产品说明书再次观看时，你可以再次强调保险产品的优点和对客户的适用性，加强客户对保险产品的好感，可以适当地询问客户还有什么不清楚的地方，尽可能地帮助他排除疑问，进一步增加他的购买欲望。

不要这样说

- **“李先生，您可以再考虑一下，等决定好了再给我打电话！”**

很多新手保险销售员明明做出了很大的努力，却无视客户频频发出的购买信号，时机本已成熟，却不主动提出交易，最终失去了成交的机会。

第 2 节

有效的成交技巧

情景 73：直接询问客户，是否需要成交

客户有购买意向时，为了促成客户签约，不让自己的保险销售工作功亏一篑，保险销售员不必迂回绕圈，可以直接询问客户，提出签单要求。

情景解析

保险销售员在为客户讲解完成之后，客户如果没有疑惑，并不停地咨询保费如何缴，或者对保险销售员的讲解点头称道，不时陷入沉思，此时便是保险销售员直接询问客户、提出成交的好时机，保险销售员如果能把握好这个好时机、运用好这个技巧，定会取得事半功倍的效果。

帮您支招

1. 保险销售员如果想直接询问客户是否需要成交，就要先找到客户内心的疑惑，经过解释，让客户明白现状，并适时给客户一点压力，加速客户的决策，以利于成功签单。

2. 保险销售员在客户发出明显的购买信号时，保险销售员不要急于表现出惊喜或慌张，要沉稳自然，不卑不亢，不张扬、不拘谨，找准机会提出成交请求。

应该这样说

● “李姐，这个计划对您来说是再合适不过的了，为了使您能够早日获得这份保障，请您办投保手续吧，然后，在这里签个字就好了……”

客户有明显的购买意向，却由于种种原因没有主动提出成交请求的时候，保险销售员要学会委婉地提出成交请求。

保险销售员常用的直接询问客户的请求有“如果您没有疑虑了，我们就办投保手续吧，请您把身份证给我，我填一下号码……”“为了使您能够早日获得这份保障，请在这里签字吧……”

- **“张姐，既然您没有问题了，我们签单吧！”**

在客户犹豫不决的时候，保险销售员不要害怕遭客户拒绝就不敢轻易提出签单要求。保险销售员要自信一点，要对自己推销的保险产品有自信，对自己有自信，一旦时机成熟，就直接向客户提出签单要求。

不要这样说

- **“哦，您的想法是……”**

很多保险销售员即使知道客户有购买保险产品的意向，也不好意思向客户开口直接提出签单要求。这是不对的，卖保险产品又不是有求于人，又不是乞讨，保险产品能给客户带来实实在在的保障，给客户带来帮助，保险销售员不必羞涩，直接询问客户是否需要成交。

- **“王姐，您还有其他疑问吗？如果您还有什么疑问，我随时可以跟您解答……”**

很多保险销售员总以为只要耐心为客户服务，为客户解答各种疑难杂症，客户就会主动提出签单要求，这种想法是错误的。

因为很多客户即使想主动购买保险产品，也不愿意主动提出签单，更愿意让保险销售员主动提出签单，在时机成熟的时候，保险销售员如果不主动询问客户是否需要成交，那么基本上就是不想要订单了。

情景74：参与成交，给客户最好的体验

在最后促进签单的阶段，让客户参与成交，不知不觉中想客户所想，使客户真心实意地想要购买保险产品，才能给客户最好的体验。

情景解析

让客户参与成交的过程中，保险销售员要认真倾听客户的意见，顺着客户的逻辑思维，引导客户对保险产品的重视，并让客户为自己设计保险计划书，根据可行性和适用性的原则，进行深入的探讨，最后，在客户主观意见的基础上，完成保险计划书。

帮您支招

1. 带客户实地参观，让客户亲自感受保险产品的优势。很多客户看到保险销售员推销保险产品就会转身离开，这往往是由于客户对保险产品不够了解、认识不够清楚。所以，保险销售员要想留住客户，就要带客户实地参观，让客户亲身体验一下保险产品给客户带来的好处，比如，保险销售员可以带客户去医院参观一下，让客户认识到保险产品的便利性和必要性，再辅以适当的介绍，端正客户对保险产品的认识，刺激客户危机感下的购买欲望。

2. 适当让客户给出心理价位，增加客户的参与意识。销售工作是一个双赢的过程，每个客户都有自己的心理价位和消费观，保险销售员鼓励客户购买的保险产品不一定能满足客户的价格要求和心理承受力，如果仅仅靠说服客户来完成成交，就会比较被动，容易给客户造成局限性。

保险销售员在介绍保险产品前，可以先让客户说出自己的心理价位，然后，在客户的心理价位基础上，选择合适的保险产品推销给客户，形成和谐的互动气氛，成交也会变得比较顺利。

应该这样说

- **“刘太太，真的特别感谢您对保险计划提出的意见，但是，实在很抱歉，价格上我们确实没有办法了，如果能给您折扣我肯定会给您折扣。不过，可以赠送您一套价值 ×× 元的精美礼品一份，您觉得怎么样？”**

在客户参与成交的过程中，不要让客户感觉到保险销售员只是在推销保险产品而获得提成。

保险销售员一定要让客户感觉到你在尽力帮助客户获得最大收益，意见不一致时，保险销售员要照客户户的情绪，客户的有些要求自己不能达到，可以尽力地提供另外一些便利，客户就会感觉到保险销售员在为客户考虑，虽然种种原因不能实现自己的要求，力不从心，但是客户不仅不会怪你，反而觉得你是一个事事为他们考虑的保险销售员，从而不再过于难为你。

- **“李姐，您如果要求这个有更大的折扣的话，就要附带购买这份意外险，这是我们公司的规定，我真的无能为力啦！”**

很多客户在参与成交的过程中，要求保险销售员一而再、再而三地让步。很多时候，保险销售员的让步虽然可以满足客户的要求，却牺牲了自己和公司的利益，给公司带来损失。

保险销售员遇到这类情形的时候，要考虑让步给自己带来的影响，估量是否值得，如果可以用客户的回报达到平衡就可以考虑让步，如果损失特别大，就要悬崖勒马了。

不要这样说

- **“张姐，您看起来真年轻，一点都不像40岁的人，您是做什么工作的呢？您先生对您很好吧？要不然，也不会把您养得这么年轻……”**

有些保险销售员以为让客户参与成交，要多聊些话题增加亲切感，就会说很多闲话、废话，浪费客户的时间，这样，很容易引起客户的反感，有点脾气的客户有可能会下逐客令。

- **“李总，谢谢您参与保险计划的制定，您这份保单在24小时之内就会生效，如果您没有其他需要问的问题，我就去忙了。”**

有些保险销售员在客户参与的过程中，费了九牛二虎之力，费尽口舌，好不容易让客户签了单，怕客户随时会变化，就有可能表现得特别慌张，不管客户聊天兴趣正浓，就急欲离开，这很容易引起客户的猜疑，以为自己可能上当受骗了，就有可能立刻阻止保险销售员签单。

情景 75：假设成交，让客户先看见好处

很多客户在做决定的时候，总是犹豫不决，保险销售员面对这样的客户的时候，可以先假设客户购买保险产品，然后根据客户的需求和经济支付能力给客户推荐几种保险产品或者几个保险计划，让客户做出决定，同意签单。

情景解析

假设成交，可以先让客户看到好处。假设客户已经购买了保险产品，跟客户谈论一下付费方式、保额选择、险种选择等细节问题，客户在心理上很难拒绝，无形中强化了客户的购买欲望，同意签单。

帮您支招

利益汇总引导成交。

当客户难以做决定时，保险销售员可以将险种的优点汇总后阐述一下，着重阐述客户的利益所得，让客户全面地了解每一个利益点所在，并在脑海中一遍遍地重现，借以激发客户的购买欲望。

应该这样说

- “王姐，根据您的年龄和保障额度，现在投保还可以免费体检，如果再晚几年，您年龄大了，保费就会高出一大截，而且有些险种是不能再投的了……”

保险销售员在给客户推荐保险产品的时候，要留意客户的一举一动，注重观察一下客户最关注哪些点，主要有保障范围、公司信誉、价格等，并适当运用得当的语言着重表达出来，这样才能诱导客户签单。

- “王姐，您说每年保费最多不超过 5000 元，正好，这两份保险计划特别适合您，每年缴费 4900 元……”

在假设客户准备投保的基础上，保险销售员要尽量使用柔和、商量的语气表达出肯定的意思，让客户在心理上不好意思拒绝，进而产生购买意愿。

不要这样说

● “李姐，真的吗？如果您这样说，我就不客气了，您的心意我就接受了……”

有些保险销售员在客户已经购买保险产品后，以为帮了客户很大的忙，客户说的一些客套话很容易当真，以为对方会回馈自己，就接受客户的小礼物或者公司为客户准备的赠品，这样，很容易让客户对保险销售员有不好的看法。

情景 76：分拆说服，让客户感觉不到贵

在保险销售中，无论是报价时机还是报价方式，都会直接影响到最终的销售结果。学会在最合适的时间、用正确的方式报价，是每个保险销售员必备的技能。

保险销售员最常用的方法是分拆说服，就是将保险销售产品的价格分拆开来，用具体的拆分说明保险产品的具体价值，让这些具体的价值给客户带来信任，再用信任换来成交。

情景解析

如果保险销售员报价工作做得不适宜、不恰当，就有可能招致客户反感，妨碍顺利成交，即便真的成交了，保险产品也不见得能卖出好价钱。不少保险销售员销售工作失败或无法获利，往往都是在报价上出现了问题。

所以，想要完满地完成销售任务，保险销售员必须学会巧妙报价。报价是成交的前奏，但是报价不是简单地说出一串数字，也不是什么时候说都可以，只有掌握正确的报价技巧，才能真正促进成交。保险销售员不妨试试分拆说服，这样，客户才不会感觉到贵，购买保险产品的积极性才会提高。

帮您支招

1. 将保险产品利益分拆开来，多次阐述给客户。保险销售员给客户介绍保险产品的时候，概念性的阐述并不会让客户感兴趣。保险销售员可以将保险产品的利益分拆成一个个具体的小利益，让客户看到实实在在的东西，多向客户阐述几遍，客户就会越来越感兴趣。

2. 将保险产品的价格分拆开来，让客户感觉很便宜。保险销售员给客户介绍保险产品的价格的时候，可以将保险产品的总价分拆开来，分拆成月缴费额度、天缴费额度，让客户觉得数额并不高，就会有购买的冲动。

应该这样说

- **“李姐，每天5元的保费，是不是只是一个手抓饼的价格？但是，您给孩子买这份保险产品，孩子生病住院的时候，能给您减少多大的负担，是不是？您觉得一个手抓饼重要，还是给孩子一个保障重要呢？”**

将保险产品价格分拆成每天的缴费额，将这个额度换成一个具体的家常消费，再设计3～5个问题，通过一连串的提问，让客户认可保险销售员的思想观点，促使客户下决心购买。

当然，保险销售员设计的问题，一定是与客户切身利益相关的、客户真正关心的问题，由浅入深，让客户心服口服。

- **“是啊，这两年经济不景气，您做电商这块压力也大，工作强度也大，很累的。所以，我才帮您设计这个保险计划，如果您的家人，其中任何一个人生病了，这4000元就会变成3万元的住院补偿；如果得了这个保单中的重疾，都会得到30万元的治疗补偿……”**

当客户说自己经济负担重或者压力大的时候，保险销售员可以顺着客户的偏向和喜好展开话题，将保险产品总价分拆，并换成具体的利益，让客户感觉到保险销售员在用最小的投入给客户换来最大的收益，客户就会觉得自己解决了问题又捡了便宜，这就是保险销售员常用的顺水推舟法。

不要这样说

- **“我先跟您声明，这款保险产品的保费总额是5万元，每年缴费××元，每月缴费××元，每天缴费××元。”**

在与客户沟通初期，客户对保险价格的敏感度很高，特别是那些价格相对较高的保险产品。

这是因为，在沟通初期，客户的购买热情还比较低，对保险产品也不甚了解，如果被过早地告知保险产品价格，他们往往不能准确地衡量出保险产品的性价比，就很有可能打击客户的购买热情，可见，过早报价很容易使客户更快地离开。

● **“这是我向经理特别申请的最低价，您可以在保险行业打听一下，这是行业最低价……”**

有些保险销售员为了能尽快赢得客户的好感，在报价时会说一个相对较低的价钱，并希望通过分拆说服的方式让客户动心，但是事与愿违，几乎每次客户都要讨价还价，围绕价格展开一番争论，这也让这些保险销售员感到进退两难，认为客户不知满足。

其实错误并不在客户身上，因为在客户看来，销售员第一次开出的价格总是留有不少水分，还有很多可以砍价的机会。所以，无论销售员的首次报价有多么吸引人，客户都觉得还有降价的余地。结果，不是客户愤然离去，就是保险销售员低价卖了产品，赔本赚吆喝。

所以，在第一次报价时，保险销售员一定要留下一定的价格空间，为接下来与客户的讨价还价做好铺垫。即便是想“薄利多销”，也要先给自己留下余地。

情景77：选择成交，适合犹豫不决的客户

很多客户在签单的时候，却犹豫不决起来，面对这种情况，聪明的保险销售员要懂得创造一个愉快的聊天氛围，等客户放松下来，再向客户提出可行性的选择方案，让客户二选一，把客户的选择权限制在保险销售员设定的范围内，让客户在不知不觉中被支配。

情景解析

在客户犹豫不决、迟迟不能决定的时候，保险销售员只能给客户两个可行的选择，这两个选择不是“买”与“不买”，而是不管客户做出哪种选择，都会达到交易的目的，只是交易的方式不同而已。

因为保险销售员在设置问题的时候，已经洞察到客户的购买意图，看似给了客户选择的权利，实则缩小了可选择的范围，结果早已成定局，主动权在保

险销售员手里。

帮您支招

1. 保险销售员在用选择成交法的时候，给客户的选择一定不要超过两个，否则，就相当于给客户更多的选择权，客户有可能会说“不”！

2. 保险销售员给客户的选择要易接受、可行。保险销售员给客户的选项要可行，要以与客户交流的内容为前提，猜测出客户的需求，将客户的需求以两种不同的形式展现在客户面前，然后，再让客户选择，选择题就变成了必选题，也达到了交易的目的。

应该这样说

“根据您的经济实力，本可投保15万元，现在按您的想法投保10万元……”

保险销售员用选择成交法的时候，一定要把握住时机，仔细观察客户的神态、表情，判断其内心的真实想法。当客户神色轻松、认真倾听，并且微笑着点头，对保险产品产生浓厚的兴趣的时候，是最容易成交的时候。保险销售员一定要抓住这个机会将产品销售出去，一旦其离开了，机会就会消失。

“这两份保险计划书，您看一下，提一下您个人的意见，以您的经济实力，这两份保额应该都不是问题……”

不少保险销售员都会遇到这样的情况，自己花了不少时间和精力为客户介绍保险产品，最终保险产品质量得到了客户的认可，本以为接下来要谈到成交问题，可是此时客户话锋一转，说自己没有必要买这么贵的保险产品，难免会让保险销售员心生怨恨，可能就会说一些不够礼貌的话回应客户，弄得客户很没面子，结果导致销售工作很快就结束了，而保险销售员前面所做的努力也都成了白费工夫。

其实这种情况并非无可挽回，关键是保险销售员怎样处理，好的态度才是成交的催化剂。所以，遇到这种情况后，保险销售员一定要保持一个好的态度，通过一些技巧耐心说服客户，保持销售局面的和谐。

不要这样说

● **“这两份保险计划都适合您，您从中选一个吧……”**

保险销售员在用选择成交法的时候，不要使用强制性口吻和话语，生硬地让客户做选择，这只会引起客户的逆反心理，而柔和委婉的语气才会更容易让客户接受，比如，“月缴费和年缴费，您选择哪一种呢？”“您喜欢……还是……”

● **“我提前给您两个选择，您想选哪个呢？”**

保险销售员开口与客户交流的时候，就让客户做选择题，很容易引起客户的怀疑。保险销售员不要一开口就让客户做选择，而是在跟客户交流后，客户有一定的购买意向后，犹豫不决的时候，保险销售员再用“二选一”的选择成交法，才能产生效果。

《第五章》
重视售后，业绩倍增的关键

第1节
售后服务

情景78：亲自把保单送给客户

很多不成熟的保险销售员通常会认为，跟客户成功签单后，是否亲自把保单送给客户应该是无关要紧的事了。

事实上，保险销售员如果忽视保单递送这个工作流程，就很可能给后续的保险销售工作造成障碍。

情景解析

保险产品推销的结束意味着服务的开始，要想在后续的保险销售工作中与客户顺利沟通，保险销售员就要亲自上门，第一时间将保单送给客户。

保单是保险契约的凭证，对客户而言，只有拿到保单并确认准确无误后，才能感到内心踏实。

帮您支招

1. 保险销售员在保单制作完成后，要在第一时间及时拜访客户，亲自递送保单。见面后，首先赞美客户，让客户心理上得到满足。其次，保险销售员要为客户详细讲解保单中的内容，解答客户的各种疑问，增加客户的信任感。最后，保险销售员要给客户真诚的保证——遇到问题，可以放心地找销售员解决，新的保险产品信息也会及时跟客户沟通。

2. 保险销售员亲自把保单送给客户，要完成以下步骤：a. 检查保单是否准确无误，客户身份证、名字、投保险种、保险金额等；b. 记录客户资料，备好档案卡或者将客户信息输入电脑系统，为售后服务工作做准备；c. 递交保单，解释保单的功能、保全知识、除外责任等；d. 要求转介绍，向客户索要转介绍名单。

应该这样说

- **“恭喜您和您的家人，您以后的生活又多了一份保障，您可以高枕无忧了！”**

向客户递送保单时，要注重各个细节，因为保险销售员的每一个环节、每一个动作，都会影响着保险销售员的形象。

保险销售员要及时向客户表示祝贺，让客户成为“回头客”，成为忠诚的老客户。

- **“您看一下是否有不清楚的地方，如果没有其他的问题，请签字！”**

客户在签收保单之前，保险销售员要耐心询问客户，确认客户没有任何疑问后，再请客户在回执单上签字，并请客户收好相关资料。

- **“以后有什么问题，尽管来咨询，我保证随叫随到。”**

保险销售员要拍着胸脯保证自己后续的售后服务，及时为客户解决各种疑惑，提供各种优质服务。

- **“谢谢您，太谢谢您了，希望以后还能再次有机会为您提供服务！”**

保险销售员要注重与客户的告别礼仪，再次向客户表示感谢，给客户留下美好的印象。

不要这样说

- **“请在保单送达书上签字，保单内容您回头慢慢看吧，有什么问题及时给我打电话。”**

保险销售员向客户递送保单的时候，不向客户解释保单内容，不顾及客户的感受，只顾完成自己的工作任务。即使客户勉强签单，心里也会被保险销售员的急躁和忽视而产生不舒服的感觉，以后跟客户再次合作的可能性也会变小。

● “您的保单出来了，我现在不在公司，等我有时间了再给您送去。”

保险销售员不及时为客户递送保单，可能会引起客户的怀疑、焦虑，甚至退保。所以，保险销售员一定不要忽视客户保单的递送工作，不得拖延，要亲自将保单递送到客户手中。

情景 79：随时为客户提供咨询服务

很多客户对保险产品不了解，会有很多问题咨询保险销售员，保险销售员不要怕麻烦，要耐心给客户解答问题。即使问题各式各样，保险销售员自己也有疑惑，也要想办法弄清楚，及时解答、快速反应，给客户一个满意的答复，这样才能感动客户，留住客户。

情景解析

保险销售员在工作中，会积累很多人际关系，认识各行各业的人，信息资源也特别丰富，可以学到很多知识，保险销售员平时要用心积累这些知识和资源，将其无形中回馈给客户。一旦保险销售员提供的专业咨询解答，超乎客户的心理预期，给客户带来惊喜和感动，客户就有可能会成为保险销售员很好的帮手，自觉帮保险销售员宣传和介绍保险产品。

帮您支招

1. 保持手机信号通畅。要想让客户有问题随时随地联系到保险销售员，保险销售员就要保持手机信号通畅，让手机 24 小时处于开机状态，否则，客户有问题联系不到保险销售员，就有可能会产生误解，引起客户猜忌和不满。

2. 及时提供咨询服务。当客户有问题咨询保险销售员时，保险销售员要及时提供咨询服务，站在客户的立场，急客户所急，想客户所想，承担起责任，为客户排忧解难，在第一时间内将客户的问题处理好，免除客户的后顾之忧。

3. 将保险业务知识巩固扎实。保险销售员如果想为客户提供专业的咨询服务，就要将保险业务知识巩固扎实，将常见问题准备好一份答案，特殊问题也能及时解决，才能让客户省心。

应该这样说

- **“张总，您好，您的事情已经帮您解决，下周二早晨我带您去××医院体检，早上要抽血，请您不要吃东西。另外，这几天您尽量不要熬夜，熬夜容易使血压值波动，也不要吃太多油腻的东西，容易使胆固醇升高。”**

客户经常问到的问题有缴费时间、体检注意事项、红利分成、理赔事项等等，保险销售员要及时提供咨询服务，提醒客户体检前的注意事项，及时通知客户的红利发放时间，提醒客户理赔时需要准备哪些物品、凭证及其他注意事项。

- **“哈哈，李总，您可问对人了，我对旅游还是有一定的知识积累的，现在是秋天，我建议您去××国家的××地方，这个季节，风景特别美，我有朋友组织了一个穷游团队，您如果想参加，我可以介绍您参加……”**

即使不是专业的保险行业问题，保险销售员也要给客户提供专业的服务，用巧妙的心思，真诚恳切地给客户带来意外的感动和惊喜，加深客户对保险销售员的好感，让客户养成有问题都会来咨询保险销售员的习惯，客户的这种依赖心理一旦养成，彼此就会成为好朋友。

不要这样说

- **“张姐，这个问题您直接跟我们公司客服打电话就可以了，这是我们客服的电话号码，××××，我这几天有太多事情要处理，您让客服来帮您解决问题吧。”**

客户咨询保险销售员的时候，保险销售员一味地推卸责任，本是举手之劳的事情，却转交给他人，很容易引来客户的不满，更谈不上之后的进一步交往了。

- **“姐，您的理赔款我已经让客服汇给您了，您没有收到那是您的事，我们公司有规定的，符合理赔事实的在30天内完成理赔款汇款，不要怪我态度不好，是您自己的问题。”**

客户提出问题时，保险销售员不要肆无忌惮地反驳客户，跟客户发生争执，甚至把责任推给客户，抱怨客户的粗心大意，这不但解决不了客户的问题，还会使事情恶化，到头来吃亏的肯定是保险销售员自己。

情景 80：理赔办理要有耐心

理赔服务是保险销售员售后一个重要的环节，在客户索要理赔的时候，保险销售员要有足够的耐心，认真、细致、贴心地办理理赔。

事实上，如果保险销售员在这个环节做得好，满足客户的需求，就能给客户留下好的印象，也会给保险公司塑造一个美好的形象，当然，日积月累，保险销售员也会赢得越来越多的客户；相反，保险销售员如果在这个环节做得不好，没有让客户满意，就会影响到自己和公司的形象，丢失更多的客户。因此，保险销售员在为客户办理理赔的时候，要有耐心。

情景解析

客户提到理赔问题，有些保险销售员惯常的反应就是嫌麻烦、推脱，这种心理可以理解，但是有时未免过于主观，结果也必将难以使客户满意。

保险销售员要记住，很多客户是否购买保险销售员推销的保险产品，很多时候看中的并不是保费多少、收益是否达到自己的理想，而是保险销售员的贴心服务。优秀的保险销售员在客户寻求理赔的时候，一定会第一时间出现在客户面前，做到“雪中送炭”，感动、感化客户，当然，收获也会比付出的多得多。

帮您支招

1. 弄清是否符合理赔事实。听到客户的赔偿要求后，马上表示推脱的保险销售员不在少数，以“赔偿问题我们做不了主”或者“这个要经过严格的调查”为由搪塞客户，但是却很少考虑客户提出理赔的原因、是否符合理赔事实。

如果不在理赔之列，拒绝理赔当然是无可厚非，但是，如果符合理赔事实，再采用否定的态度就不可行了。所以，保险销售员在着手解决事情之前，要光确定是否符合理赔事实，然后，再根据具体情况予以解决。

2. 及时慰问，采取补救措施。保险销售员接到客户需要理赔的通知后，就要立刻放下手中的工作，赶往探视、慰问，着手调查是否符合理赔事实。如果符合理赔事实，就要根据具体情况给予补救措施，尽己所能消除客户因等待和办理烦琐手续时产生的消极情绪。

3. 勇敢承担责任，协助办理。如果符合理赔事实，就勇敢地承担责任，然后将事件反应给相关上级，在合理的范围内给客户一个交代，告诉客户办理理赔所需的医疗证明、缴费凭证、资料证件等，然后，协助公司处理好理赔工作，最大限度地维护自己以及公司的形象，让客户更加信任、依赖自己。

应该这样说

- **“王姐，按照我们签订的保险协议，您生病住院期间的费用我们公司都会给您理赔的……您只需提供您的医疗证明、诊断书、缴费凭证、身份证件，我回去就帮您上报办理。您安心养病就行了，这方面的事情不用担心，我会随时告诉您事情的进展的。”**

保险销售员在发现客户符合理赔事实时，不是收了客户资料上报公司就可以完事了，还要及时地向客户报告理赔进展情况，以免客户因理赔的事情担心、焦虑。

- **“周先生，您被确诊为肝功能衰竭，资料齐全，符合理赔事实，您当初办理的这份富贵齐添两全保险，保额是2.5万元，附加额外给付重大疾病医疗保险，保额是3万元，依照您现在的理赔情况，经审核，公司做出赔付结论，共计赔付您重疾保险金6万元，明天转账到您指定的农行卡中，请注意查收！”**

客户申请理赔后，如果公司做出理赔结论，理赔款及时下来，保险销售员要在最短的时间内将理赔款送到客户的手中，如果保险公司直接将理赔款汇入客户指定账户，保险销售员要及时将理赔的所有详细信息发给客户，并嘱咐客户注意查收，力保整个理赔过程充满人情味。

不要这样说

- **“张总，您这个事情比较特殊，处理起来比较麻烦，手续比较烦琐，我**

只是一个小员工，做不了这个主，帮不了您，您还是找我经理去办理赔吧……”

保险销售员在推销保险产品和办理理赔时最忌“两张脸”，当初推销的时候，满口承诺，客户理赔时却突然提出很多事前没有说明的问题，或者要求客户一遍遍提供各种资料、一遍遍办理各种繁杂的手续，更有甚者直接推脱出去，而且一拖再拖，很容易让客户产生“投保容易索赔难”的不良感受。

“不好意思，您再等等，我们在走流程……”

很多保险销售员不重视理赔服务，或者手头的工作忙不过来，本来答应客户帮其办理理赔的，却迟迟没有结果，客户一直在催，保险销售员却以走流程为借口一拖再拖，更有甚者让客户自己去办理，这样，很容易让客户不满意，从而失去客户。

情景 81：客户想退保，你该怎么办

有些客户购买保险产品之后，又以不满意保险产品为由要求退保，这对于保险销售员来说无疑是一个棘手的问题。这种情况原因往往不在保险产品本身，多数是客户主观臆断的结果。因此，也有不少保险销售员表现出强硬的态度，坚决不予退保，结果常使双方谈话进入僵局，致使客户退保要求更强烈。

其实这些保险销售员的初衷并没有错，但是这种做法确实不可取。不分青红皂白地一概拒绝客户的退保要求，往往会使谈判局面迅速紧张起来，不仅不利于问题的解决，反而会增加沟通的障碍。但是，如果保险销售员不分理由地就答应退保请求，到头来损失了自己基本的利益也不值得。

情景解析

对于客户退保的情况，不少保险销售员难免会感到烦恼：本来保险产品已经卖出去了，而且保险产品也没有什么问题，自己与客户之间的关系也比较好，

但是到头来白忙活一场不说，还要花时间处理接下来的退保问题。如果处理不好，还可能破坏与客户建立起来的良好关系，真的是太不划算了。

但是，这种情况又是不可避免的，保险销售员随时都有可能碰到退保问题，所以必须处理好。想要消除客户的退保心理，保险销售员就应该端正客户对保险产品的认识，使客户对保险产品满意，这就需要保险销售员掌握一定的方式方法来恰当地处理这种情况。

帮您支招

1. 向客户表示歉意。道歉是缓解紧张关系的好方法。有时候，保险销售员的一句“对不起”，就会换来一团和气。不论造成双方关系紧张的原因是什么，保险销售员只要说一声道歉的话，就能使氛围立马变得和谐起来。

所以，遇到客户要求退保的情况，保险销售员应该首先向客户表示歉意，为保险产品没有给客户带来良好的体验感到抱歉，先让客户的心情放松下来，为友好的交流沟通做好铺垫。

2. 弄清客户认为保险产品不好的原因。解决事物需要究其根本，探究原因，从事物根源上着手。客户抱怨保险产品不好，一定是有原因的。即便客户要求退保的原因是出于主观意愿，保险销售员也要弄清楚客户到底是怎么想的，为什么这么想。

所以，保险销售员要多向客户提问，并给客户留下阐述观点和意见的机会，请客户完整地表达他们的意思。在客户叙述的过程中，保险销售员要做到认真倾听，即便是客户的观点不合理，保险销售员也不要打断客户的谈话，否则保险销售员就会给客户留下不礼貌的印象。待客户说完缘由后，保险销售员再根据具体情况做出相应的处理。

3. 在合理范围内帮助客户解决问题。保险销售员能够善始善终地为客户服务，才能真正赢得客户的青睐。如果客户的保险产品不符合退保标准，保险销售员就要适当做出让步，并告诉客户本来这种情况是不退保的，这样就可以避重就轻，能换保的绝不退保，从而保证销售利益。如果条件准许，保险销售员可以适当地给客户一些小安慰，例如，送给客户一些小礼品，酌情增加一些附加服务等。

应该这样说

- **“张姐，您如果将您那个返还型的女性重大疾病保险退了的话，损失不小哦，已缴的本金也只能收回四分之三，所以，您要考虑一下，不到万不得已，我劝您还是不要轻易退保。事实上，您挺适合购买这款保险产品的，不像您想的那样得不到全方位的保障，您想想，您是单亲妈妈，是家庭的主心骨，您的保障就是孩子的保障，从经济收益上来说，也很划算的……”**

有些客户对保险产品认识不正确，甚至曲解保险产品，对于这种情况要求退保的客户，保险销售员要及时消除客户对保险产品的不正确认识，耐心解释保险产品的收益、保障等优势，让客户转变认识，一般情况下，都会消除客户对保险产品的不满的。

- **“李哥，这份保额较低的纯消费型的保险挺适合您的，也没有什么经济负担，您为什么退保呢？您如果不方便说原因的话，能不能跟我说说您的真实想法呢？是不是保障达不到您的要求？还是……”**

客户要求退保时，有些事情不愿意提及，保险销售员要适时地给予客户适当的关怀，关切的问候可以帮助保险销售员缓和局面的紧张，同时也能体现保险销售员的个人素质。也可以在尊重客户的基础上，向客户委婉含蓄地咨询相关方面的信息，但不要刨根问底、死缠烂打，否则，很容易招致客户的反感。

不要这样说

- **“想退保，直接去大厅办理，不用找我！”**

一听到客户要退保，一些保险销售员就会表现出不耐烦。本来客户来时已经因保险产品问题心情不畅，心存不良情绪，保险销售员的这种回应无疑是给客户心中又增加了一股无名火，针尖对麦芒，很有可能激起矛盾，并导致矛盾升级，对解决问题没有任何积极作用。

所以不论客户的态度多么差，言辞多么激烈，保险销售员都不要企图和他争论什么，保险销售员需要做的就是耐心倾听，让客户发泄出他的牢骚。

情景 82：签单后，巧妙提出客户转介绍

保险销售员应该抓住每一个机会，用老客户来拓展新客户。但是这是需要条件的，如果保险销售员没有赢得客户足够的信任和好感，那么想要客户为自己介绍新客户几乎不可能。

保险销售员如果白白放弃通过客户认识新客户的机会，不免有些可惜，但是如果过于直白地要求客户为自己介绍新客户，也会招致客户反感。

情景解析

通过老客户为自己介绍新客户，是很多保险销售员都曾用过的方法，这是因为：

1. 老客户对保险产品的性能和特点都比较了解。

2. 能节省保险销售员自己开发客户的时间和精力，成交率也比较高。

3. 保险销售员从事保险销售行业初始，人际关系有限，巧妙地请签单客户转介绍新客户，更能获得潜在客户的认可。

帮您支招

1. 给签单客户一点利益。如果利益来源合理，相信没有人愿意拒绝。给签单客户点利益，让签单客户为保险销售员介绍客户也未尝不可。世界上最伟大的销售员乔·吉拉德就曾经用每介绍一个新客户可以得到 25 美元的方法来激发客户的积极性，结果，吉拉德获得的利益远远比他付出的刺激费用要多得多。

2. 为签单客户提供额外服务。这里的额外服务并非赠品，也并非客套的寒暄和口口声声的商业性问题，而是实实在在的关心。在与客户签单以后，保险销售员可以抽时间给客户打打电话，询问一下保险产品的使用情况，多给其一些专业指导、告知其一些事项，让签单客户感觉保险销售员并不仅仅是为了钱而和他打交道，而是真的在用心和他做生意。

这样一来，你就能赢得客户更多的信任和好感，从而放心地把新客户介绍给你。

3. 与签单客户交朋友。除了在销售过程中努力提高自己在客户心中的信任度，保险销售员还应该尽可能多地通过其他方式来加深与客户的“交情”。也就是说，

保险销售员要舍得在客户身上花些业余时间。比如，在假期与客户一起看展览、参加非正式聚会、喝茶聊天、一起钓鱼，或者其他一些休闲的社交活动。

如果保险销售员能在自己与客户之间逐渐建立起良好的社交关系，甚至形成深厚的友谊，那么，通过客户认识到新客户也就会容易很多。

4. 向签单客户推荐新客户。《礼记》云："礼尚往来。"做生意更应如此。如果保险销售员希望签单客户为保险销售员介绍新客户，那么保险销售员不妨先为他介绍一些客户，帮助他获得新的销售机会。但是保险销售员的介绍必须真诚，不能为了获得更多客户而以利益得失相交换，否则会让签单客户感觉保险销售员过于世故。

应该这样说

- **"李先生，谢谢您对我工作的支持和信赖，您能不能给我推荐几位要好的朋友，把我们公司保险产品的优势、价位和特点介绍给他们，我会尽心尽力地为他们服务的。"**

客户在签单的一瞬间，心情一定是愉悦的，保险销售员如果能抓住这样的机会，询问对方是否能将保险产品推荐给要好的朋友，在这种轻松的氛围下，对方很容易答应保险销售员的要求。

心理学研究表明，让客户成为朋友最好的办法就是让对方先帮你个忙，你的请求会让对方感到自己受到了尊重，一旦他们答应你的要求，就会尽心尽力。

- **"张先生，如果您有亲戚朋友需要我们公司的保险产品，麻烦您帮我介绍一下，我会提供专业的服务的，非常感谢。"**

在客户签单后，彼此的亲密关系更近一步，保险销售员不必用太正式的话语请求签单客户转介绍，相反，保险销售员完全可以用非正式的话语请求签单客户，这样签单客户就不会有太大的压力，效果反而会更好。

不要这样说

- **"李先生，我想问一下，您身边朋友多不多？经济条件好不好？有多少想买保险的……"**

保险销售员在请求签单客户转介绍时，不要频繁地提问，更不可撒网式地问，这样很容易引起签单客户的反感。

同时，保险销售员会给签单客户留下婆婆妈妈的印象，甚至会被签单客户质疑保险销售员推销的保险产品，进而保险销售员的服务也会被签单客户质疑。

- **“我给了您这么多的优惠，您该给我推荐几个新客户才对呀！”**

保险销售员在请求签单客户转介绍的时候，不要一副理所当然的态度，没有哪个签单客户应该给保险销售员多付出什么。

聪明的保险销售员懂得，用请求的口吻跟签单客户聊转介绍的事情，更能让签单客户碍于情面，不好意思拒绝保险销售员的要求。

第 2 节
情感维护

情景 83：定期找机会拜访客户

根据著名的汽车销售大王乔·吉拉德的“250 法则”，一个老客户可以带来 250 个潜在客户，可见，老客户是保险销售员的宝贵资源，保险销售员想要让这份宝贵的资源发挥作用，就要学会定期回访老客户，努力获得老客户的欢心，得到了老客户的信任和认可，就可以挖掘出更多的新客户。

情景解析

国内的行情就是熟人的生意好做，保险销售员对老客户比较了解，定期拜访可以深化感情，培养友谊。受到关注、重视的老客户会在这份深厚感情的基础上给保险销售员介绍有需求的朋友、亲戚、熟人，对保险销售员来说，是百利而无一害的，很可能收获意外的惊喜。

帮您支招

1. 保险销售员定期拜访老客户时，要学会选择良好的时机，不要让老客户感受到保险销售员的目的性，更不要花费太大、占用老客户太多的时间。比如，老客户生病在家中休养或者在医院住院时，去拜访；老客户发生意外事故时，去拜访；逢年过节或者老客户过生日时，去拜访；老客户对保单有异议或者需要办理相关手续时，去拜访；老客户工作变动或家有喜事时，去拜访。

2. 做好老客户的售后服务。好的售后服务，能让老客户满意和喜欢，有机会的话老客户还会照顾保险销售员的生意，再次合作，或者介绍他人合作。聪明的保险销售员有时间就会去拜访老客户，去家中坐一坐、聊一聊，顺便将一些保险行业的信息带给老客户；或者到老客户的办公室拜访，借机认识一下客户的同事、客户等，让自己的人际关系网越织越密。

应该这样说

- **“枫叶红，菊花黄，酒甘醇，月饼香，中秋景美情更长，邀一轮明月，洒一片辉煌！花好月圆之时，团团圆圆的祝福，快快乐乐的时光！中秋快乐！”**

保险销售员可以选择不同的方式，适时联络老客户。比如，用短信、微信、QQ、电子邮件问候老客户；用短信、微信、QQ、电话、贺卡、生日卡祝福老客户；用短信、电话、微信、QQ、电子邮件传递信息；用信函、微信、电话、吃饭、邀约活动等方式表达谢意……

- **“周老师，您好，祝您新年快乐！年底别忘交保险费哦！”**

保险销售员要注意建立老客户的信息档案，将客户的个人信息、家庭情况、职业、成交时间和保单内容等信息记录在档，定期浏览老客户的档案内容，随时关注老客户，及时提醒老客户各种需求、服务、信息等，让老客户感觉到保险销售员一直在自己身边。

不要这样说

- **“不管平常是否联系，关心一直不变！注意保暖，周末愉快！”**

保险销售员可以不时给老客户发问候、祝福信息，但是，不要太频繁（如上例中能每周一次），否则，会让客户有一种被骚扰的感觉。

- **“不好意思，张先生，改天我再去拜访您，今天实在太忙了。”**

很多保险销售员签单后，也会跟老客户发祝福信息、问候，但经常不兑现承诺，总是失约。比如，跟老客户约好去拜访，“张姐，有时间我一定去看您！”“刘哥，有抽空我一定去你家向你请教”这样漂亮的话经常说，却从来不兑现，次数多了，老客户会觉得保险销售员是在客套、在耍自己，就不会再相信保险销售员了。

● **“我给您了相关资料，不明白可以查这些资料，再见。”**

很多保险销售员以为签单后，就可以溜之大吉，可以去开拓新客户了，对老客户不理不问，这就大错特错了。实践证明，开发新客户的成本是服务老客户的5倍，定期拜访老客户，通过老客户的关系网，保险销售员会得到更大的回报。

情景84：在特殊的日子为客户送上祝福

能感化客户的，除了保险产品的完美计划、高收益，就是对客户真诚的关怀了，特别是特殊的日子，保险销售员如果能给客户带来意想不到的祝福和惊喜，更能赢得客户的认可和赞许。

所以，保险销售员对所有的客户都应该一碗水端平，根据不同的具体情况，给客户送上祝福，适时关照、回访客户，并持之以恒，才会吸引更多的客户加入这个群体，保险销售的路才会越走越宽阔。

情景解析

人人都想到、人人都做的事情，也许并不能让客户满意，但是，保险销售员如果能做到超出客户的期望，将关怀送到客户身边，在特殊的日子为客户送上祝福，就会感动客户，当然，保险销售员的真诚付出，也会得到数倍的收益。

帮您支招

1. 在特殊的日子，举办老客户联谊活动。保险销售员可以根据节假日放假情况，或者客户的生日，来定期举办一些联谊活动，为客户组织一些娱乐活动，送一些节日祝福，并提供一些附加服务，既可以增加大家沟通、交流的机会，又可以加深彼此的友谊。

2. 向公司申请个人服务基金，在特殊的日子为客户带来更多的实际利益。发个祝福信息，说一些漂亮的话，虽然也会让客户开心，但给客户带来实际利益会更让客户动容，保险销售员可以向公司申请一些个人服务基金，在特殊的日子做一些有意义的活动或者选择一些别致的礼物送给客户，送给客户一个难忘的惊喜，当然，保险销售员也会收到客户回馈的意外惊喜。

应该这样说

- **“在这特别的日子，愿爱永远像现在这样洋溢在您甜蜜的生活中，让以后的每一个日子都美好甜蜜开心！送您一对凤凰杯子，祝你们白头偕老，一辈（‘杯’的谐音）子心贴心！”**

保险销售员为客户送祝福时，要表现出自己的用心，要体现在细节上，也许并不用花多少钱，但，特别应景，或者能够满足客户的需求，客户自然会在内心深处认可保险销售员，喜欢和保险销售员继续交往。

- **“恭喜您升级为爸爸，祝福您的宝宝聪明伶俐、身体健康、漂亮可爱！”**

保险销售员想要真正打动客户，就要把赞美说到客户心里，与客户本身密切相关。比如，保险销售员的客户刚刚当了爸爸，这时，谈及孩子是最能令客户开心的事。保险销售员可以先祝贺客户，并借此好好赞美客户一番，就会让客户加倍有了做父亲的自信感觉。因为保险销售员的赞美对客户融入了感情，所以，客户也会对保险销售员倍增好感。

保险销售员千万要记住，不要习惯性地搬出一些常用的赞美的客套话来应付客户，这样，只会让客户生厌。

不要这样说

- **“恭喜哦，可惜，今天我心情不好，就不多陪啦！再见！”**

保险销售员在生活、工作难免会遇到这样那样的不顺心，但是如果总是将这些不顺心放在心上，那么我们无论做什么都会受到心情的影响，从而使工作、生活状态更加不佳，精神状态每况愈下，进而形成恶性循环，有可能会将坏情绪影响到客户，那就得不偿失了。

- **“祝贺您新婚快乐，但，跟我什么关系呢……”**

不管保险销售员多么不开心、心情多么糟，在特殊的日子，也不要在客户面前拉着脸，这样会让人很扫兴，影响客户及其他人的心情。

保险销售员要永远对客户保持微笑，微笑是销售员拉近与客户距离最简单最有效的方法。在我们心情差时，微笑也最能帮助我们掩饰心情，是保险销售员的行业职责。

情景 85：巧妙送礼品，给客户一点小惊喜

送礼品的目的就是为了向客户表达感谢，同时巩固、加强了与客户的关系，甚至是间接对公司及保险行业进行的广告宣传，所以，礼品的选择要慎之又慎，要全面照顾到客户的需求和个人特点。

如果礼品的选择没有问题，保险销售员还要注意向客户送出礼品的整个沟通过程，不要忽略每一个细节，保证礼品赠送的有效性。

最关键的是要关注保险销售员的礼品是否能引起客户的兴趣。不要认为只要送礼品了，客户感不感兴趣无所谓，并不会对销售造成什么影响。其实不然，赠送礼品环节其实也是销售的一个部分，如果礼品不能令客户满意，那么有可能造成交易失败，甚至使保险销售员永久失去客户，有一部分保险销售员销售失败就是因为这个问题。因此遇到客户对礼品不感兴趣的情况，保险销售员一定要注意，尽量通过一些方法消除它。

情景解析

对送礼品环节不够重视，习惯简单、机械地应付，这是不少保险销售员的通病，其实这很容易对最终的销售结果造成影响。聪明的保险销售员会注意销售中的每一个环节，全方面地照顾到客户的感受，即便是赠送礼品时也不例外。

帮您支招

1. 让客户知道礼品的价值。也许有的客户会认为产品价值不高，对自己帮助不大，甚至觉得是便宜货，质量不高，才作为礼品赠送。

优秀的保险销售员都知道，对客户送出的礼品品质过低，是砸自己的牌子，凡是要送出的礼品，都要好好掂量一下。如果你的礼品的确品质高，但是加上精美的包装还是不能让客户满意，那么你可能遇上了比较挑剔的客户。

这时，你就要拿出保险销售员的撒手锏，向他介绍礼品的来龙去脉，使他

认识到礼品的与众不同。在介绍礼品时，如果你能将之与知名人物或是商界大腕联系起来，那么就会为你的礼品增色不少，使客户对你送的礼品刮目相看。

2. 为礼品精心做包装。有些保险销售员在送出礼品时往往忽略这个细节，其实礼品和产品一样，在客户心中的第一印象非常重要，有些客户之所以会拒绝礼品，一部分就是因为礼品的包装过于简单、灰暗，客户一看就没有兴趣。

“人靠衣装马靠鞍”，所谓礼品，同样也要有件漂亮的衣裳，将礼品送到礼品店做一番精心的包装，让礼品看起来更加精致有品位，就能进一步提高礼品的品质。看到包装精美的产品，不仅会让客户产生眼前一亮的感觉，也会对你的细心、细致印象深刻。

3. 根据客户喜好送礼品。虽然客户代表的是公司，但是你的礼品却是要送给他个人，所以对客户送出的礼品，一定要符合客户的特点，如果客户是一个比较实惠的人，你送出的礼品就要尽量满足客户的需求，如送一些实惠的优惠卡或是购物券，会更能赢得客户的喜爱。

另外，送礼品还要根据客户的爱好，在送礼品前，你要摸准客户的兴趣爱好，如果客户喜欢运动，不妨送他一些运动器材，让他有一种如获至宝的感觉，这会快速拉近你与客户的关系，使他对你印象深刻。

应该这样说

- **“您工作这么忙，还经常抽空过来关注我们的保险产品，我来看看您是应该的……”**

给客户送礼品的时候，要记得说客套话，这样，既送出了自己的礼物，又表达了自己真诚的心意。必要的时候，还可以避免尴尬，显示出自己让人信任的谦恭。

- **“这是我的好朋友做的曲奇饼干，挺好吃的，给您拿过来点尝尝！”**

保险销售员给客户送礼品的时候，不妨学一招“暗度陈仓”，假借别人的名义，不露痕迹地送出礼物，拉近与客户之间的关系。

不要这样说

- **“这可是特别贵重的东西哦！”**

保险销售员给顾客送礼的时候，可以强调礼品的实际价值，但不能过度夸大，更不能用骄傲的口吻炫耀。

● **“丝巾很好啊，您怎么会不喜欢呢？”**

每个人的眼光各有不同，客户对保险销售员的礼品不感兴趣，是很正常的事情。不要因此责问客户，这样，不仅讨不到客户欢心，还会引起客户的厌恶。

情景86：在朋友圈里与客户友好互动

地球上所有的人都可以通过六层以内的熟人链和其他任何人联系起来——这就是美国心理学家Stanley Milgram提出并验证的“六度人际关系”定律。换句话说，只要你愿意，你可以通过6个人认识地球上的任何一个人，微信作为交流沟通的一种重要工具，起着这样的桥梁作用。保险销售员如果能在微信朋友圈里跟客户友好互动，一定会带来意想不到的收获。

情景解析

花一些精力和时间打理微信，在朋友圈与客户友好互动，无疑是保险销售员一个长远、合算的方式。

1. 在朋友圈与客户友好互动，可以时刻解决客户遇到的问题，降低客户的投诉率。

2. 在朋友圈与客户友好互动，心里系着客户，客户就不会“见异思迁”，不论过多久，只要购买保险，第一个想到的应该还是你。

3. 在朋友圈与客户友好互动，可以拉近保险销售员与客户的感情，提升客户的满意度，客户心里舒坦了，也会给保险销售员介绍其他的客户过来，最终为你赢得销售市场。

帮您支招

1. 保险销售员想在朋友圈提升形象、稳定地位、增加与客户互动的频率，获得客户更多的信任，就要将自己打造成保险领域的专家。这样，客户以及陌生人知道你是专业的，就会主动咨询你一些保险产品相关的问题，主动将你介绍给亲戚、朋友及其他人。

2. 在规律时间段在朋友圈发励志图文，最好选择清晨，客户打开朋友圈看到你正能量的图文，激励的言语，内心就会受到鼓舞，当然，你也会给客户留下一个积极向上的印象，而且，转发的图文可以带上保险公司的名字和保险产品的广告，可以加上自己的见解、评论、看法，这样更容易接近客户的内心。

3. 与客户在朋友圈互动，要随时关注客户朋友圈发的信息，养成随时给客户点赞的习惯，秒赞最好，更容易让客户觉得自己受到重视和关注；客户发感冒、生病的信息或者消极情绪，要第一时间安慰客户，给予关怀和鼓励；客户发的开心的事情，要恭贺……保险销售员最好能做到和客户可以同甘苦、共患难，这样，客户才会把保险销售员当作真正的朋友，用更大的回报回馈给保险销售员。

应该这样说

- **“保险专家，您身边的保险顾问，一个客户，多个产品，一站式全方位服务，值得信赖！”**

保险销售员想在朋友圈增加与客户友好的互动氛围，拉近与客户的距离，就要用真实的头像、真实的姓名，显示真实的地址，让客户明白你是专业人才，有问题随时可以找你，那么，你的生意就来了。

- **“欢迎您体验，××推出的免费评估房产活动，只需要房产证＋身份证，20分钟告诉您，您的房子在××的可贷额度，这个额度将是您的一笔备用金，有需要再来贷！”**

即使在朋友圈群发信息，保险销售员也要用“您”，不要用“你们”。用“您”称呼，代表着保险销售员对客户个人的重视和尊重，更显得亲切。而“你们”的称呼，会让客户觉得保险销售员面对的是很多客户，而自己可以在意也可以不在意，几乎很少有客户会关注的。

不要这样说

- **“求求各位，帮我一把好吗？要不然，这个月都没有饭吃了，只求买一款保险产品就可以！”**

保险销售员最忌在朋友圈发低声下气、求助于客户的信息，这不仅会招致客户的反感，还会让客户觉得保险销售员一点能力都没有，更不值得信赖，甚至会把保险销售员的微信拉黑。

- **“对于保险产品，您现在可以理直气壮地说自己不需要，等您哪天躺在病床上了还会觉得不需要吗？就怕您那时候想找点后悔药吃。”**

保险销售员在朋友圈推销保险产品发相关信息的时候，要注意说话的语气措辞，如果措辞不恰当，大谈特谈客户忌讳的事情，就很容易招致客户的反感，客户有可能会觉得保险销售员在诅咒自己，有可能与保险销售员发生不必要的争吵。